[美国] 斯蒂芬 · 埃里克 · 布朗纳 著　孙晨旭 译

批判理论

牛津通识读本 ·

Critical Theory

A Very Short Introduction

译林出版社

图书在版编目（CIP）数据

批判理论／（美）斯蒂芬·埃里克·布朗纳（Stephen Eric Bronner）著；孙晨旭译．南京：译林出版社，2019.5（2023.9重印）
（牛津通识读本）
书名原文：Critical Theory: A Very Short Introduction
ISBN 978-7-5447-7655-4

Ⅰ.①批… Ⅱ.①斯… ②孙… Ⅲ.①辩证批判理论 Ⅳ.①B085

中国版本图书馆 CIP 数据核字（2019）第009313 号

著作权合同登记号 图字：10-2013-27 号

批判理论 ［美国］斯蒂芬·埃里克·布朗纳 ／著 孙晨旭 ／译

责任编辑 何本国 陈 锐
装帧设计 景秋萍
校 对 孙玉兰
责任印制 董 虎

原文出版 Oxford University Press, 2011
出版发行 译林出版社
地 址 南京市湖南路 1 号 A 楼
邮 箱 yilin@yilin.com
网 址 www.yilin.com
市场热线 025-86633278
排 版 南京展望文化发展有限公司
印 刷 江苏凤凰通达印刷有限公司
开 本 890 毫米 ×1260 毫米 1/32
印 张 8.375
插 页 4
版 次 2019 年 5 月第 1 版
印 次 2023 年 9 月第 5 次印刷
书 号 ISBN 978-7-5447-7655-4
定 价 39.00 元

序言

陈振明

什么是批判理论？从思想源头上讲，顾名思义，它的底色是一种“批判”精神。比如在本书开篇，作者斯蒂芬·埃里克·布朗纳以苏格拉底的例子所表明的，这种哲学倾向奠基于审视传统观念、超越既定秩序这一遗产之上。作为一系列具体的主张，批判理论的形成则经历了一个较长的孕育时期，大致位于第一次和第二次世界大战之间，与法兰克福学派息息相关。

法兰克福学派将自己的哲学-社会学理论称为“社会批判理论”或“批判理论”。这一名称是霍克海默在1937年的《传统的和批判的理论》一文中确立的，较好地概括出了法兰克福学派理论的特点。这种理论诞生于马克思主义的思想熔炉，但又与马克思主义在类型上有所不同。尤其是，它所关注的焦点不在“经济基础”，而在政治和文化等“上层建筑”上。

对于一般读者来说，可能首先有必要明确的一个问题是：批判理论与传统理论有什么不同？在《传统的和批判的理论》一文中，霍克海默开门见山地提出“理论是什么”的问题，并回答说，在大多数人眼里，理论是由基本命题和推出命题组成的有逻辑联系的推理系统；理论的真正有效性取决于命题是否符合实际，理论是假说，又是储备起来的认识。霍克海默认为，上述这些看法，正是传统的理论观点，这种对理论的看法与现代哲学的开端相一致，他处处将传统理论和批判理论加以对照来说明什么是社会批判理论。在霍克海默看来，批判理论与传统理论的对立表现在下列几个方面。

首先，批判理论和传统理论对待理论的基本态度不同。传统理论把研究与价值、知识和行动（即事实与价值、理论和实践）分割开来。批判理论则将价值与研究、知识与行动统一起来。其次，批判理论与传统理论对主客体关系的看法不同。传统理论采取一种主体–客体的认识模式，在这里，主体和客体是严格分开的。批判理论否认认识主体和客体的绝然分离，它主张用一种更广泛的认识模式来代替传统理论的主体–客体模式，在这种模式中，主体和客体被看作是在实践总体内的相互制约和相互转化着的东西。再次，两种理论反映了两种不同的认识方式，它们的认识基础和认识方法不同。传统理论以自然科学为基础，并以笛卡尔的演绎逻辑作为方法论。批判理论则以古典哲学尤其是形而上学的人本主义作为认识基础，并以马克思的政治经济学批判作为认识方法。

对大众文化或文化产业的批判是法兰克福学派社会批判理论的一个中心主题。在法兰克福学派看来，大众文化或文化产业的最显著的特征是，它使文化艺术产品商品化。大部分文化生活领域被吸收并转变成控制个人意识的方面；同时，文化变成一种产业，利润动机转变成文化形式，越来越多的艺术产品变成商品，它们像工业产品一样可以销售和交换。在作者布朗纳看来，“文化产业”可以说是批判理论最著名的概念。为了使销量最大化，这个产业正不停地降低着大众品味，同时将真正的个人体验置于消费主义的威胁之下。“人们因文化产业而麻木，丧失了选择余地，缺乏反思性，陷入快节奏但最终毫无意义的生存旋涡之中，因此对他们的历史失去了控制。”

显然，法兰克福学派对大众文化或文化工业的批判导源于他们对现代资本主义国家，特别是法西斯主义国家利用大众传播媒介操纵大众心理和意识的痛切的感受，是他们对当代科技发展对文化手段尤其是大众传媒影响的评估，以及对当代资本主义社会中变迁着的文化模式的反思。法兰克福学派看到当代资本主义社会文化领域出现的新变化和新特点，力图揭示当代资本主义社会或发达工业社会与自由资本主义社会不同的文化模式；指出了当代资本主义文化日益商品化的一般趋势，以及这种趋势所带来的对文化事业的危害。他们在一定程度上看到了当代资本主义文化的局限性，揭露、批判垄断资产阶级把文化变成为现实和统治辩护的意识形态工具，指出了由此产生的种种消极异化现象。

另一方面，在当代，工具理性已变成社会的组织原则。它渗透到社会的总体结构和社会生活的各个方面，造就了异化、物化或单向度的社会和单向度的思维方式及思想文化，成为社会对人进行全面统治、控制和操作的深层基础。因此，法兰克福学派致力于对工具理性的批判和实质（批判）理性的重建。布朗纳认为，“工具理性与主体性的侵蚀即异化，内在地联系在一起”。它不过是一种“数学技巧”，能有效解决匮乏问题；它可以将劳动者降格为生产成本，将人类贬低为可供支配的资源。

布朗纳教授的这本篇幅不大的小书，聚焦于与批判理论紧密关联的异化、物化、工具理性、文化产业等概念，不仅追溯了这一理论及法兰克福学派的来龙去脉，而且突出了批判理论在当今社会中的现实意义。全书为读者描摹了一幅法兰克福学派的思想群像，群像中既包括霍克海默、阿多诺、马尔库塞、弗洛姆、哈贝马斯等“核心集体”的成员，也包括卢卡奇、柯尔施、韦伯等与之颇有渊源的思想家。从异化和物化到启蒙的幻象，再到乌托邦的种种愿景以及该理论在时代发展之下的嬗变和新生，各章之间逻辑清晰，是我们进入这一主题的理想读物。

谨以此书纪念恩斯特·布洛赫

目 录

导 言 什么是批判理论？ 1

第一章 法兰克福学派 1

第二章 方法问题 11

第三章 异化和物化 25

第四章 启蒙的幻象 40

第五章 乌托邦实验室 52

第六章 幸福意识 66

第七章 大拒绝 78

第八章 从退却到新生 88

索引 105

英文原文 119

导言

什么是批判理论？

哲学从一开始就显示出一种颠覆性。柏拉图的《申辩篇》讲述了苏格拉底如何受到雅典公民谴责，被指腐化青年品行并怀疑神灵。这一控诉是有些道理的。苏格拉底对传统观念提出了疑问。他使存在已久的信念接受理性的审视，并对超越既定秩序的问题进行了思考。众所周知的“批判理论”就建立在这一遗产之上。这种新的哲学倾向形成于第一次世界大战和第二次世界大战之间，它最重要的代表人物对根植于西方文明之中的剥削、压迫和异化发动了无情的攻击。

批判理论拒绝将自由与任何制度安排或固化的思想体系联系在一起。它对相互竞争的理论和既有实践形式之中隐含的假设与意图提出质疑。对于所谓的“长青哲学”，它并无用处。批判理论坚持认为，思想应当回应不断变化的历史环境中产生的新问题以及实现解放的新的可能性。批判理论具有跨学科性和独特的实验性，对传统和所有绝对主张深表怀疑，不仅始终关注事物当下如何，也关注其可能如何以及应当如何。这种道德要 1

求促使其主要思想家发展出一系列主题和一种新的批判方法，从而改变了我们对社会的理解。

批判理论有许多渊源。伊曼努尔·康德认为道德自主是个人的最高道德准则。他为批判理论提供了关于科学理性的定义和以自由前景面对现实的目标。同时，黑格尔认为意识是历史的动力，思想与现实问题相关，哲学是“被把握在思想中的它的时代”。批判理论家学会了从总体着眼解释特定事物。自由的时刻出现在被奴役者和被剥削者要求得到承认之时。

康德和黑格尔都体现了源于17和18世纪欧洲启蒙运动的世界主义和普遍主义假设。他们依靠理性对抗迷信、偏见、暴行和制度性权威的专断行使。他们还对美学所表达的人文希望、宗教的救赎期许以及关于理论与实践关系的新思路进行了思索。青年卡尔·马克思以其有关人类解放的乌托邦思想走得更远。

批判理论是在马克思主义的思想熔炉中构想出来的。但其代表人物从一开始便对经济决定论、历史阶段论和关于社会主义“必然”胜利的宿命观不以为然。他们关心的与其说是马克思所说的经济“基础”，不如说是社会的政治和文化“上层建筑”。他们的马克思主义属于一种不同的类型。相比于其系统主张、对异化和物化的关注、与启蒙理想的复杂关系、乌托邦要
2 素、对意识形态作用的重视以及抵制个体畸变的承诺，他们更着重强调的是其批判方法。在“西方马克思主义”的代表人物卡尔·柯尔施和格奥尔格·卢卡奇构想批判理论时，这一系列主题构成了它的核心内容。两位思想家为批判计划提供了框架，随后社会研究所，或者说“法兰克福学派”便以此而闻名。

其主要成员包括以精通音乐和哲学而扬名的西奥多·W.阿多诺，他从1928年开始与研究所合作，却在十年后才成为正式成员；天才心理学家埃里希·弗洛姆，他从1930年开始为期九年的合作；在许多领域才华横溢的哲学家赫伯特·马尔库塞，1933年加盟；这些思想家中最具创造力的瓦尔特·本雅明，从未正式成为一分子；于尔根·哈贝马斯，1968年后成为其领衔哲学家，无疑也是研究所最多产的思想家。然而，研究所的指路明灯是马克斯·霍克海默。他将这些杰出的知识分子凝聚到一起，为社会批判理论搭建起跨学科的基础。

法兰克福学派起初相信其思想工作会对无产阶级革命行动的实际前景有所裨益。然而，随着20世纪30年代的逝去，革命在苏联走向沉寂，在欧洲也前途暗淡。法西斯主义已经肆无忌惮地进入政治生活，起初与现代性相伴的人道希望显得愈发天真。法兰克福学派使左翼人士对于科学技术固有的进步特征、大众教育以及民众政治的长久信念受到尖锐的拷问，以此记录了这一历史性的转变。

法兰克福学派从阿图尔·叔本华、弗里德里希·尼采、弗兰兹·卡夫卡、马塞尔·普鲁斯特、塞缪尔·贝克特和现代主义遗产那里吸收了深刻的见解，借此重新塑造了历史辩证法，启蒙运动和马克思主义随之从它们未实现的理想的角度得到正视。批判理论重建被遗忘的乌托邦形象和被忽视的反抗理想的历程，是在实现它们的可能性似乎不复存在的情况下开始的。其成果是只在当代学者中盛行起来的一种新形式的“否定辩证法”。

法兰克福学派一直认为，拥护既定秩序的哲学是促成社会解放的障碍。对绝对基础、分析范畴以及证明真理主张的固定标准的执著，遭到其成员的谴责。他们看到了两大元凶：**现象学**及其关于个体如何体验存在的固有本体论主张，以及要求按自然科学标准来分析社会的**实证主义**。两者都因非历史地对待社会并排除真正的主体性而遭到抨击。批判理论被认为是一种替代性选择。它的动力来自变革意图和对现代生活的文化的格外关注。

异化和物化是最常与批判理论联系在一起的两个概念。通过将这两个概念从历史背景中剥离出来，前者通常被视为剥削和分工的心理结果，后者常被视为人如何被当作“物”受到工具式的对待。20世纪20年代西方马克思主义者已经对异化和物化做出开创性研究，但法兰克福学派对这两个复杂范畴如何影响发达工业社会中的个人，提出了一种独特的理解。

他们研究了思想正通过哪些方式沦为关于何者有效且有利可图的机械看法，道德反思正以何种方式趋向消亡，审美趣味正
4 以何种方式日益标准化。批判理论家们警觉地注意到解释现代社会何以变得愈加困难。由此，他们从异化和物化如何危及主体性的发挥、剥夺世界的意义和目标并使个体成为机器上的一个齿轮的角度，对它们进行了分析。

奥斯威辛集中营被认为体现了异化和物化最根本的含义。这一转折性事件比18世纪里斯本地震更加彻底地击碎了关于进步的乐观设想。纳粹集中营还历历在目，广岛和长崎又被焚巢荡穴，关于苏联古拉格的新报告浮出水面，麦卡锡主义在美国甚嚣尘上，于法兰克福学派而言，西方文明带来的似乎不是人的发展，而是一种前所未有的野蛮状态。他们意识到，比起通常对于资本主义的老套批评，需要从激进思想中获得更多的东西。

一个官僚化治理的大众社会正显而易见地整合着一切反抗形式，抹杀着真正的个性，孕育着带有权威偏好的人格结构。一致性正在摧毁自主性。如果资本主义的发展与标准化和物化相关，那么进步实际上是一种倒退。因此，左派人士不加批判地接受的与启蒙运动相关的那些幻象需要重新审视，现代性本身也需要批判。

法兰克福学派的所有成员一致认为，需要加强教育以抵抗权威趋势。但尚不清楚的是，这样的教育在一个全面管制的社会中可能有多大效果。一个新的“文化产业”——可以说是关于批判理论最著名的概念——为了使销量最大化，正不停地力争降低大众品味。真正的个人体验和阶级意识正受到发达 5

图1　20世纪60年代学生运动中的激进知识分子深受批判理论和法兰克福学派的影响

资本主义的消费主义的威胁。这一切使得霍克海默、阿多诺和马尔库塞提出，一部作品的受欢迎程度——不考虑它的政治讯息——取决于它的激进冲动在多大程度上被整合到体制之中。这些思想家成为现代主义实验艺术的拥护者，而在战后的紧张氛围中，他们也支持以一种“伊索”式复杂难懂的写作方式掩藏他们的激进信念。不过，在参与20世纪60年代起义的激进知识分子中间，批判理论深奥、含蓄的风格只会增强它的吸引力。

批判理论始终具有预见性。它的拥护者预测到日常生活和个人体验的转变。法兰克福学派不仅对维护既定秩序的历史观
6 提出疑问，而且提出一种激进的替代选择。欧洲激进人士将其思想运用于家庭、性和教育的重构之中。他们试图带来一种新的没有暴行和竞争的乌托邦感受。但法兰克福学派围绕20世纪60年代的运动产生了分歧。阿多诺和霍克海默是持怀疑态度的。他们质疑反文化和对传统的攻击、零星的暴力和反智主义以及激进活动家应该给予民主的敌人的安慰。他们将20世纪60年代的群众运动与两次世界大战之间的群众运动联系起来，也将乌托邦思想与极权主义联系在一起。

真正的反抗此时似乎需要强调批判传统内在的否定要素。尤其是，阿多诺提出，问题不再仅仅是拒绝将自由同任何制度或总体联系起来，而是界定个体与社会之间的“非同一性”（并侧重其紧张关系）。对有组织反抗和制度政治的关注半途而废，取而代之的是一种审美–哲学式的批判，就霍克海默而言是准宗教式的“对全然的他者的渴望”。法兰克福学派依旧采用承袭于黑格尔和马克思的方法。其政治上最保守的成员依然认为主体性受困于其抵制的东西：商品形态、大众文化以及官僚社会。

但他们对普遍性主张、哲学基础和固化的叙述方式提出了新的怀疑。

“否定辩证法”预见到许多与后现代主义和后结构主义有关的问题。事实上，它们如今甚至经常被视作批判理论的表达。解构主义或后结构主义方法涌入最具声望的刊物以及从人类学、电影到宗教学、语言学、政治学等多个学科。它们带来了有
关种族、性别和后殖民世界的新见解。然而在此过程中，批判理 7
论失去了对社会做出综合性批判、对一种有意义的政治学进行概念化以及提出新的解放理想的能力。文本解释、文化执著以及形而上学争论越发使批判理论成为其自身成就的牺牲品。结果是一场持续的认同危机。

如今，批判理论家必须回顾过去以便向前发展。法兰克福学派丰富了我们关于家庭、性压抑、教育学、种族灭绝、娱乐、文学分析以及众多其他问题的理解。对于经济、国家、公共领域、法律和全球生活中显著的权力失衡，批判理论也有一些能带来教益的东西。即便那些对启蒙运动批判性最强的思想家，也为启蒙运动的合理辩护提供了重要依据。自由主义和社会主义也是如此。阐明压迫的环境、开辟反抗途径以及重塑解放理想，依然属于批判理论的范畴。要使一个新的全球社会中的变革前景更为突出，就需要新的**政治**视角。如今的问题是对批判理论的既定形态采用批判方法。这是顺理成章的。只有通过这一方
式，才可能对批判事业最初的精神保持忠诚。 8

第一章

法兰克福学派

社会研究所创立于1923年。这个最早的马克思主义思想库从一个力争解决俄国革命后工人运动面临的实际问题的马克思主义研究小组成长起来，得到了赫尔曼·韦尔的资助。他是一位见多识广的商人，在阿根廷谷物市场上大发其财。这笔资金是在他的儿子费利克斯的敦促下给出的，后者自认为是“客厅里的布尔什维克”。

费利克斯·韦尔的密友包括库尔特·阿尔伯特·格拉赫。作为社会民主主义者和经济学家，他本可以成为研究所的首任所长。然而，格拉赫不幸死于糖尿病。卡尔·格吕堡于是代之接管。他创办了研究所的第一份正式出版物《社会主义和工人运动史文库》，其中发表了许多重要作品，包括柯尔施的《马克思主义和哲学》（1923年）。加入格吕堡行列的有亨利克·格罗斯曼、弗里德里希·波洛克、弗里茨·斯特恩伯格和卡尔·奥古斯特·魏特夫。他们都是共产主义者。他们依然怀念1918—1921年间的民主工人委员会，也设想建立一个德意志苏维埃共

和国。他们的思想工作提供了有关资本主义的崩溃、国家的新
9 角色以及帝国主义的大量不同观点。但这个群体随后消失在幕后，研究所的总体方向也在1930年发生转变。就在这一年，马克斯·霍克海默组成新的核心集体，作为法兰克福学派逐渐为人所知。

核心集体

霍克海默出生在斯图加特附近一个富有的犹太商人家庭。他在早年求学时期并无过人之处，于是离开高中，在父亲的纺织厂做学徒。然而，在1911年，他结识了弗里德里希·波洛克，波洛克将他引入哲学和社会科学，并成为他一生的朋友。霍克海

图2　法兰克福学派的三位领军人物：马克斯·霍克海默（左）、西奥多·W.阿多诺（右）和于尔根·哈贝马斯（后）。这是他们唯一的一张合照

默在一战后完成了高中学业。他浅尝共产主义，在法兰克福大学期间学习了众多科目，最终写成一篇关于康德《判断力批判》 10
（1790年）的学位论文。

霍克海默在担任所长之前很少发表作品。这在希特勒1933年胜选后发生了变化，他当时正忙着将研究所从法兰克福迁往日内瓦，随后搬到巴黎，最后迁址于纽约市的哥伦比亚大学。他在20世纪30年代的文章致力于将批判理论与其哲学上的竞争对手区分开来，同时阐明自由资本主义如何通过建立极权主义的心理、种族和政治基础背叛了它的初衷。其他讨论大众文化、工具理性和威权国家的作品为阿多诺和霍克海默的经典著作《启蒙辩证法》（1947年）铺平了道路。霍克海默的想法在数年间无疑发生了变化。然而，他始终专注于苦难的影响和个人经验的解放的可能性。

霍克海默也一直是跨学科研究的拥护者。在他的领导下，法兰克福学派试图弥合规范性理论与经验性工作之间的鸿沟。他在1930年的就职演讲强调了这一目标，甚至在流亡期间，霍克海默还为美国犹太人委员会编辑了一部多卷本跨学科研究课题，即“偏见研究”丛书。它包括保罗·马辛出色分析德意志帝国反犹主义社会根源的《破坏的彩排》（1949年）；利奥·洛文塔尔和诺伯特·古特曼的《骗人的先知们：美国煽动者的手法研究》（1950年）以及西奥多·W.阿多诺和一众研究者的经典著作《权威人格》（1950年）。

俄国革命和德国1919年“斯巴达克团”反叛点燃了霍克海默对于激进主义的热情。但斯大林的清洗和恐怖机器的出现造 11
成了严重的后果。霍克海默最终不仅与共产主义决裂，也与马克思主义分道扬镳。甚至在将研究所迁回德国并于1951—1953年担任法兰克福大学校长之前，他在政治上便已经转向右翼。霍克海默最终反对阿尔及利亚的反帝国主义斗争，支持越南战争，并且斥责1968年的抗争。

这一时期，他对于否定苦难的关注发生新的转变。通过回顾禁止描绘神性的《旧约》，他开始相信，此时或许只有通过对现实的全盘否定和对解放的渴望，才能保存反抗观念。神圣性——或者更进一步说是超脱尘俗——成为对抗世俗的优势。他将对启蒙运动的批判推向极致。朋友们注意到他对天主教兴趣渐增。理论与实践之间的所有联系都被斩断。当马克斯·霍克海默在78岁离世时，批判理论已然岌岌可危。

埃里希·弗洛姆在早期便是霍克海默的一位密友。弗洛姆的专长是心理学，但他也深谙神学问题。事实上，他与第一任妻子弗里达·赖希曼在柏林建立的精神分析研究所就被称为“摩西五经治疗所”。弗洛姆是一位多产的作家并且在思想上勇往直前：他是将西格蒙德·弗洛伊德的思想与马克思的思想联系起来的先驱之一。然而，弗洛姆如今没有得到足够的重视。他留名于世通常是由于他那些更具学术性的批评家眼中的“如何”书，如《爱的艺术》（1956年，为大众文化表现爱的方式提供了一种负责任的替代选择）；“乐观”书，如《人心》（1964年，抗衡对于西方文化的愤世嫉俗的攻击）；以及所谓的关于国际事务的粗浅研究，如《人性会占优势吗》（1961年，明智地呼吁禁止核武器
12 并缓和冷战思维）。弗洛姆的《逃避自由》（1941年）因对于极权主义的透彻分析而被人们铭记。但他在《人类的破坏性剖析》（1973年）中所作的重要研究却被不公平地遗忘了。

弗洛姆在一个正统的犹太家庭中长大，从孩提时期便受教于博学的拉比，如尼赫迈亚·诺贝尔，尤其是萨曼·巴鲁克·拉宾科。他的学位论文是《犹太律法：犹太离散社群的社会学研究》（1922年），讨论宗教主题的最早作品包括《安息日》（1927年）以及带有马克思主义转向的《基督的教义》（1930年）。尽管他在20世纪20年代接受了无神论，但对于宗教提供的心理诉求和道德冲动的兴趣从未完全消失，他在《像上帝一样存在》（1967年）中对《旧约》做出的人文主义的新诠释则引起了公众的共鸣。弗洛姆发展"唯物主义心理学"的尝试折射出批判理论对全面社会转型的最初承诺。对精神分析的实践性的强调，以及与反抗压迫和促进人文主义价值观的联系，成为他职业生涯的标志。

弗洛姆于1962年协助创办了墨西哥精神分析协会，并成为拉美精神分析学发展历程中最具影响力的人物之一。弗洛姆坚决反对越战和美国的帝国主义，支持无数进步事业，提倡一种非官僚主义的参与式"社群社会主义"。他无疑也是法兰克福学派中最有文采和最清醒的作家。弗洛姆最终在1940年同研究所决裂。核心集体中的其他成员显然艳羡他的名气，尽管也与他存在合理的政治和哲学分歧。直至人生的最后阶段，他与研究所昔日的任何一位伙伴几乎都没有联系。然而，如同法兰克福学派的任何一位成员，埃里希·弗洛姆一直忠于批判理论的具体 13
环节、人文精神和变革目标。

他的唯一一位真正的竞争对手是对新左派产生思想影响的赫伯特·马尔库塞。马尔库塞的政治履历可以回溯至青年时代参与1918—1919年的斯巴达克团反叛，1941年至20世纪50年代他供职于战略情报局，在制定美国对西欧的政策中发挥了重要并且具有进步性的作用。他早期的文章试图将历史唯物主义与“历史性”或个人可借以体验社会现实的现象结构衔接起来。类似的关注贯穿于《黑格尔的本体论与历史性理论》（1932年）之中，该书为黑格尔在欧洲的日渐复兴做出了贡献，而《理性与革命》（1941年）对这位伟大思想家同批判理论的关系提供了一种影响深远的解释。马尔库塞也撰写出版了一些出色的论文集。他始终了解艺术展现出的乌托邦潜力，但依旧关注实际的反抗形式，设想脱离既定秩序。不过，他这些理论上的冒险得到了各类社会学和政治学研究的补充。

1933年加入社会研究所之后，马尔库塞对自由主义国家、垄断资本主义与法西斯主义的关系以及共产主义的衰退提出了疑问。他后来的著作预见了向发达工业社会的异化做出回应的新的社会运动。他对1968年的变革前景保持乐观，也想象到随之而来的保守派的反应。幸福意识、压抑性的去崇高化以及大拒绝等概念都是由他传播开来的。他的代表作《单向度的人》（1964年）真正意义上将批判理论带到美国，通过它的引文将许多年轻的知识分子引入法兰克福学派。马尔库塞始终认为自己
14 是在历史唯物主义的传统中做研究的。但他在方法上是灵活的，并且是文化转型的预言家。赫伯特·马尔库塞向美国以及世界许多地区的一代青年激进人士展示了批判理论激进的政治要素。

相形之下，瓦尔特·本雅明在美国一直不为人知，直至杰出的政治理论家汉娜·阿伦特在《纽约客》发表了一份对他的介绍并将他的一批高质量的文章编辑为论文集《启迪》（1969年）。在此之后，本雅明作为才华出众且洞若观火的独特的思想家开

始受到敬仰。他的另外一部文选《沉思》（1986年）强化了这种评价。本雅明的著作包括最初于20世纪30年代作为一系列报刊文章出现的亲切的自传体作品《单行道》（1928年）和《1900年前后柏林的童年》（1950年）、题为《德国悲剧的起源》（1928年）的有关巴洛克艺术的抽象研究以及拥有几千处引文并为理解现代性提供了一座真正的镜廊的未完稿《拱廊计划》（1982年）。20世纪70年代晚期，随着后现代主义和其他形式的哲学主观主义在美国得到新的普及，本雅明的名望迅速达到史无前例的高度：研究论著大量涌现出来，他的《作品选》的每一卷几乎都成为学术畅销书。

本雅明来自一个富裕的犹太家庭，是家中两个男孩之中的一个。他生于柏林，1919年在伯尔尼大学获得博士学位，随后成为流浪作家，从未有过一份稳定的工作。这给人一种感觉，即本雅明是梦想家的化身——这个不切实际的人有着使他超脱尘世的想象力。其作品的标志是专注于语言的可替换性、记忆的本质以及日常生活中看似平凡的经历，如吃饭、讲故事和藏书。本雅明相信，所有这一切都突显了更为广泛的社会趋势。他那些 15
明确属于政治范畴的著作并无创见，以1926—1927年的莫斯科日记为例，它们对他所处时代的重大事件几乎没有提出深刻见解。但当他研究夏尔·波德莱尔的诗作、J. W. 冯·歌德的《有选择的亲和性》或弗兰兹·卡夫卡和马塞尔·普鲁斯特的小说时，情况就不一样了。本雅明关于建筑、摄影、浪漫主义以及翻译的文章同样如此。他那些探讨现代性对于个人体验和日常生活的审美影响的文章，很是吸引人并具有煽动性。

受童年时期的朋友、日后成为犹太神秘主义传奇学者的格肖姆·肖勒姆以及马克思主义剧作家贝尔托特·布莱希特的影响，本雅明试图将弥赛亚思想与对历史唯物主义日渐浓厚的兴趣融合起来。他反对科学社会主义的决定论，对它将无阶级社会转变为不可企及的理想心怀蔑视，他所关注的是唤回现实的形而上学经验，并最终唤回未实现的乌托邦式的历史可能性。这一事业因无法阐明解放的障碍以及根植在他的总体思想中的不一致性和互相排斥的假设而受到干扰。但毫无疑问，瓦尔特·本雅明继续启迪、挫败并教导着尤其是年轻的不受陈规约束的激进知识分子。他的著作在遍布“废墟”的年代唤起了流亡，而他在1940年试图逃离纳粹对法国的入侵时悲惨的自杀给他的人生打下了尤为戏剧化的烙印。

瓦尔特·本雅明仅有的一名学生西奥多·W.阿多诺体现了法兰克福学派的跨学科理想和欧洲知识分子的形象。他似乎无所不知——而且比所有人都更清楚。阿多诺同样出生于一个资产阶级家庭，父亲是犹太人，母亲是意大利人。他于1924年获得博士学位。作为曾经受教于伟大作曲家阿尔班·贝尔格并深受阿诺德·勋伯格影响的音乐学家，阿多诺在20世纪20和30年
16 代编辑过一本音乐杂志，后来为托马斯·曼《浮士德博士》（1947年）的音乐理论章节提出过建议。继经典著作《新音乐的哲学》（1949年）之后，他还对路德维希·凡·贝多芬、理查德·瓦格纳以及古斯塔夫·马勒等伟大作曲家进行了阐释。

阿多诺也是一位敏锐的文学兼诗歌评论家，并且可以说拥有那个时代最耀眼的哲学头脑。他专注于否定辩证法概念，深刻怀疑所有体系和对于叙事的传统理解，决心阐明文明固有的缺陷性，并拒绝任何将个体与总体联系起来的尝试。

阿多诺将这些主题编织到他自己那包罗万象的哲学叙事之中。但他也从事实证研究。阿多诺关于广播电视的研究阐明了公认的简单娱乐的意识形态影响，对其关于现代社会的权威和顺从趋势的研究做出了补充。他还是撰写论文的真正高手。他的《论流行音乐》（1932年）揭示了商品形态对体裁的影响，而他对于贝克特、卡夫卡和普鲁斯特的深刻且新颖的诠释以对经验的重新理解显示了他更为广泛的兴趣。

阿多诺不时论及政治问题，但他始终畏惧群众运动。否定本身就具有价值，他将反抗等同于维持个体和社会之间的“非同一性”。阿多诺对当代有关批判理论的各种理解产生的影响是无与伦比的。没有哪位思想家能更好地展示对自由之光的坚定信奉。

于尔根·哈贝马斯也有必要稍作提及。霍克海默和阿多诺这位最杰出的学生成为法兰克福学派所有思想家中最多产的一位。他的著作涉及社会生活的所有方面，包括宗教，而他的论文 17
从对哲学典籍的阐释延伸到对当代问题的评论。如果说他的早期作品曾对批判理论做出过重要贡献，那么他的思想路径最终却将他引向新的方向。

法兰克福学派其他成员未曾有过的纳粹主义之下的成长经历，使哈贝马斯对法治和自由民主深信不疑。他对话语操纵和“未失真的沟通”的重要性的关注，也带有这种特征。这些主题贯穿在他的所有论著之中。作为20世纪60年代学生运动中的重要人物，尽管从未参加任何极端主义派别，他早期的作品还是提供了关于历史唯物主义、制度合法性以及理论与实践关系的批判性思考。相比之下，哈贝马斯随后的作品越来越多地陷入分析哲学。它们坚持要求有根据的主张、形成系统论证并提供关于自然和科学本体论特征的描述。一项持续的争论是，它们在多大程度上远离了批判理论。事实上，要做出这个判断，就需要考察使最初的事业充满生机的那些动力。

结语

法兰克福学派的特点在于多样性的统一。核心集体的每一位成员都与众不同。每位成员都有其特殊的兴趣以及独特的思想优势和缺陷。但他们都专注于同一组主题和问题。核心集体中的成员都未曾将自由与任何体制、集体或传统联系起来——他们也都对拥护既定秩序的思维模式表示怀疑。他们都试图通过引入新范畴去解决新问题。他们手中的批判理论以思想上的大胆和实验性为标志。对于他们而言，最主要地，批判理论始终
18 是个方法问题。霍克海默说得很清楚，他写道：“批判理论在其概念的形成和发展的各个阶段都非常自觉地使人类活动的理性组织成为其关注点，其任务是加以阐释并使其获得正当性。因为该理论不仅关注既定生活方式所强加的目标，也关注人及其
19 全部潜能。”

第二章

方法问题

批判理论在1937年才作为一个术语被提出来。法兰克福学派当时正流亡于美国。其成员担心来自新家园的政治排斥，同时设法对研究所加以保护，便采用这一术语作为掩护。批判理论毕竟是在西方马克思主义的框架内产生的。研究所的代表人物包括格奥尔格·卢卡奇和卡尔·柯尔施等共产主义者——他们从一开始就加入了研究所。恩斯特·布洛赫也显著地融入了这一传统。1917年布尔什维克取得政权，连同1918—1923年欧洲激进起义带来的鼓舞使他们获得了启发。

这些激进知识分子支持工人阶级采取直接行动，对议会改革主义表示怀疑，强调意识形态在维护资本主义中扮演的角色，也强调阶级意识对于推翻资本主义的决定性作用。他们突出了哲学唯心主义为历史唯物主义留下的遗产，以及黑格尔和马克思之间的关联。西方马克思主义者无须谈论文本正统或历史唯物主义的固有性质。卢卡奇在其巨著《历史与阶级意识》（1932年）中简明扼要地阐述了这一问题，为后来对于批判理论的全部

20 理解奠定了基础：

> 为了方便讨论，我们不妨假定近期的研究彻底驳倒了马克思的每一个个别的论点。即使这一点得到了证明，每一位严肃的“正统”马克思主义者仍然可以毫无保留地接受所有这类新结论……正统马克思主义不意味着不加批判地接受马克思的研究结论。它不是对这个或那个论点的“信仰”，也不是对某本“圣”书的注解。相反，正统仅仅是指方法。[①]

卢卡奇在一战之前已经是匈牙利文化现代主义的杰出人物。他很快就成为共产主义运动中或许是最杰出的知识分子。《历史与阶级意识》是西方马克思主义影响深远的作品，它启迪了批判传统中的几乎每一位主要思想家。不过，很容易理解卢卡奇、柯尔施以及其他西方马克思主义者为何在1924年共产国际第五次代表大会上遭到指责。他们的著作折射出革命的英雄岁月：其工人协会、文化实验以及救世主式的期望。他们也将对社会的研究与对自然的任何探索截然分开，由此削弱了社会主义的科学版本的必然性。事实上，卢卡奇喜欢引用詹巴蒂斯塔·维科（1668—1744年）提出的“历史与自然的区别在于人类创造了其中之一，但没有创造另外一个”。西方马克思主义以其乌托邦憧憬、对待既定哲学体系的批判态度以及坚决主张赋权于无产阶级，体现出布洛赫所谓的“地下革命史”。

① 译文参考［匈牙利］卢卡奇：《历史与阶级意识——关于马克思主义辩证法的研究》，杜章智、任立、燕宏远译，商务印书馆1996年版，第47—48页。

人类解放成为它的目标。批判方法决心以一切形式反抗“霸权”——这里借用因安东尼奥·葛兰西的《狱中札记》(在他离世后，于1971年出版）而闻名的术语。葛兰西是意大利共产党创始成员之一，随后在贝尼托·墨索里尼手下遭受折磨并在监狱中离世，他并没有对法兰克福学派产生重要影响，但他的作品使西方马克思主义尤为引人注目。 21

他从根本上关注公民社会、其非经济组织及其指导思想，强调主流文化如何造成被统治者的顺从习惯。他坚持认为，要向工人阶级赋予权力，就需要一种反霸权策略，并通过新的公民组织加强其自治能力。这样一种策略需要的组织并不仅仅来自上层，或通过某种从民众当中分离出来的固化的先锋政党，而是通过辩证地与无产阶级联系在一起的有机知识分子的实践工作。

这是西方马克思主义者共同的基本观点。他们都是激进人士。他们也都将历史唯物主义解释为一种实践理论，它不应是描述性的，而应是禁止性的。他们的目的是澄清变革行动不断变化的条件和前提。这一观点致使马克思主义机械式地将思想和范畴从一个时期延续到另一个时期变得不再合理。或者，换个说法，他们使历史唯物主义呈现出历史性。

卡尔·柯尔施在《马克思主义与哲学》中对这一观点做出了重要贡献。他显然是西方马克思主义最不知名的代表，更多地将意识形态解释为影响行为的生活体验而不是对于经济的某种反应。将权力赋予被剥削者有赖于觉悟、教育以及实践经验。俄国革命使柯尔施走向激进，他也受到苏维埃和工人协会运动自发高涨的启发，在其小册子《什么是社会主义化？》(1919年）中为激进的经济民主谱写了蓝图。他于1920年加入德国共产

党，1923年无产阶级起义期间在图林根担任司法部长，1926年遭到清洗退出共产国际后，对有组织的流亡极左知识分子产生了
22 重要影响。

《唯物主义历史观》（1929年）是对马克思主义的所有科学理解的冲击，而柯尔施从未放弃他对赋权于无产阶级的必要性的信念。他的最后一部著作《卡尔·马克思》（1938年）是思想传记的杰作。柯尔施坚持认为任何观点都可能出于反动的目的得到解释，他希望使共产主义革命实践遵循其自身的理想，为此强调了“历史特定性”在方法上的重要性。他对待马克思主义并没有不同于任何其他哲学形式。其特征和运用在任何特定时间都从历史背景下的组织利益、限制条件以及行动机会方面得到理解。它无法再作为官方信条，也不再是具有先验主张的不可改变的体系。马克思主义也有可能被操纵，乃至被批判。

霍克海默1937年的论文《传统理论与批判理论》就建立在这些观念之上。他没有将新观念视为已经完成的逻辑体系或一系列确定的主张。他致力于阐明自由的那些被忽视的面相，坚持认为现实具有历史性构成特征，对无产阶级的解放使命已经产生怀疑，由此将批判理论设想成主流哲学范式的替代品。其他思想形态尽管自称具有中立性和客观性，却被认为是对既存秩序的肯定。鉴于它们忽视了既存秩序的历史性构成特征以及替代性选择的可能性（无论是有意还是无意），它们被视为对于其运作方式的辩护。

传统理论因此不像其支持者倾向于认为的那样不偏不倚或具有反思性。哲学话语之中隐藏着社会利益，仅仅是出于这个原因，既有方法就不能简单地束之高阁。为了证明竞争的哲学

观的前提如何受到既存秩序的价值观的侵蚀，内在批判是不可或缺的。 23

霍克海默借其影响深远的论文《唯物主义与形而上学》（1933年）已经在这些方面回应了主流哲学的两大流行类别。实证主义形式的唯物主义及其分支以源于自然科学的范畴和标准分析社会，被指责为无视主体性和道德问题。相反，形而上学被斥为忽略了物质世界的哲学意义并用普遍规则使个人——无论是通过康德所谓的“实践理性”，还是海德格尔理解的现象学——沉溺于最终全凭直觉的道德判断。

两种看似对立的哲学观被霍克海默视为同一枚硬币的正反两面。其中每一种都机械地被其反对的另一种所界定。但它们对哲学基础的全神贯注、用来解释现实的不可改变的范畴以及用来检验经验或真理主张的固化概念，是趋于一致的。可以确定的是，法兰克福学派认为科学理性在两者中贻害更甚。然而，其成员最初对双方都予以了抨击，因为它们都无视批判性思考、历史以及乌托邦想象。

批判理论被作为一种整体性社会理论，它的动力在于对解放的渴望。它的践行者们明白，新的社会条件会为激进的实践带去新观念和新问题，批判方法的性质也会随着解放的实质发生变化。因此，突出实践的背景成为法兰克福学派新的跨学科方法的核心关注点。这反过来导致其成员拒绝传统的事实与价值之间的分离。

批判理论更多地将事实作为社会行动的具体的历史产物加以对待，而较少作为孤立的关于现实的描述。目的是将对于 24
事实的理解置于其获得意义的负载着价值的背景之中。卢卡奇已将总体性范畴或马克思所谓“社会关系的总和”置于历史唯物主义的中心位置。总体性被视为是由不同部分组成的，经济仅仅充当着其中的一个部分，其他部分还包括诸如国家以及自身可以划分为宗教、艺术和哲学的文化领域。每一部分都由总体塑造，每一部分也都被认为具有其独特的动力，并因此被认为影响到试图改变现实的那些**代理人**（如工人阶级）的实践活动。每一部分因此都需要认真对待。

弗洛姆在《精神分析与社会学》（1929年）以及《政治与精神分析》（1930年）中将这一观点作为其出发点。这两篇早期的论文指出了社会对自我构建具有何种影响、心理机制如何影响社会发展以及心理学可以在多大程度上为对非人道状况的政治反抗提供帮助。弗洛姆也试图呈现心态如何调节个人与社会之间的关系。

他最负盛名的作品《逃避自由》分析了资本主义社会的市场特征及其施虐、受虐变体，以此作为对魏玛共和国文化危机的具体回应。这部作品讨论了现代生活的异化冲动，它导致人们渴望完全认同于一位领导者。他的唯物主义心理学于20世纪20年代晚期在《魏玛德国工人阶级》中得到了体现，这项宏大的实证研究论述了传统观念、家族关系以及社会生活对革命的阶级意识的削弱。

批判理论重新引发了对于意识形态及其实际影响的关注。《历史与阶级意识》显示出一种没有意识到的阶级立场如何阻
25 碍甚至是资产阶级思想巨人对于异化与物化的社会原因的讨论。与此同时，柯尔施坚持认为，马克思主义的所有变体都需要与任一特定时间点工人运动的发展联系起来加以看待。法

兰克福学派开始分析大众文化、国家、反动的性习俗乃至哲学对于意识的影响。对日常用品如何体现社会特征以及一个时代的文化潮流的强调，很快引起其成员和伙伴的特别关注。批判理论试图实现青年马克思的训令并投入“对现存的一切的无情批判”。其代表人物坚持认为，整体可以从部分来看待，部分也反映着整体。

例如，西格弗里德·克拉考尔的《大众装饰》（1927年）注意到一个被称为蒂勒女郎的舞蹈团（先于无线电城音乐厅火箭女 26
郎），其几何造型和精心编排的动作如何反映出大众社会中观众受到的约束以及个性的丧失。

本雅明和阿多诺的挚友、与法兰克福学派偶有联系的克拉考尔创作的自称为“社会传记”的《雅克·奥芬巴赫和他的时代

图3 蒂勒女郎的舞蹈摆出整齐划一的几何造型，似乎折射出现代社会不断强化的管治与标准化

的巴黎》（1937年）着眼于反法西斯人民阵线，将这位伟大作曲家的音乐置于1832年议会抗争的背景之下。与此同时，他的经典著作《从卡里加利到希特勒》（1947年）阐明了纳粹主题如何日益渗透到魏玛共和国时期的德国电影当中。

另一些思想家也紧随其后。瓦尔特·本雅明的《说故事的人》（1936年）将口述传统的流失和历史经验的岌岌可危与现代社会复制艺术的新的技术可能性联系起来加以讨论。西奥多·W.阿多诺的《抒情诗与社会》（1957年）对通常被认为与外在力量相隔绝的诗歌体裁的意识形态残余进行了新颖的阐释。与此相似，利奥·洛文塔尔认为电影明星日益缺乏个性反映了其文集《文学与大众文化》（1984年）中提出的商品形态日渐加强的力量。他还在《文学与人的形象》（1986年）中透过主要文学人物，对资产阶级心态的产生进行了简明的社会学探讨。

所有这些著作都体现出知识社会学的影响，其领军人物卡尔·曼海姆曾在社会研究所举办研讨会。他的主要作品《意识形态与乌托邦》（1931年）认为，即便最为普遍和最具乌托邦色彩的思维模式都是意识形态的，因为它本身就反映着特定社会群体或阶级的利益。只有“自由浮动的知识分子”才被曼海姆
27 （他深受卢卡奇的影响）视为有能力把握总体性。霍克海默在《哲学的社会功能》（1939年）中对所有这一切进行了讨论。他反对将哲学机械地简化为社会学，然而重要的是，他避免直接面对自由浮动的知识分子这种想法。这才是有意义的。霍克海默对研究所的政治独立引以为豪。他还主张，对于意识形态的批判需要采用思辨的标准，以此判断观念如何表达特定的社会利益。其对文化现象的评判既依据它们如何为既存秩序做出辩

护，也根据它们如何对消除剥削和苦痛予以抵制。

我们可以认为，批判理论提供了一种具有变革意图的知识社会学版本。马克思曾将资本主义理解为工人阶级在其中充当财富（或资本）生产者的经济制度。如果只是由于这个原因，无产阶级也就是唯一能够改变这种制度的力量。然而，马克思和恩格斯在《共产党宣言》（1848年）中坚称，只有统治阶级的成员脱离出来并加入被统治者的斗争，革命才有可能实现。只要工人阶级还受困于资本主义，而物质上的苦难阻碍着它的觉醒，资产阶级知识分子就需要为无产阶级提供对于资本主义的系统批判以及关于其革命可能性的意识。列宁吸取了激进的含义。

法兰克福学派在20世纪30年代是同情共产主义的。其成员尚未对技术理性进行直接的批判。他们满足于指出，工具理性的主导地位仅仅是资本主义社会关系的一种表现。然而，随着共产主义转向极权主义，法兰克福学派的幻想破灭了，进而加强了对于物化过程的批判。诱发第二次世界大战的1939年《苏德互不侵犯条约》成为无法承受的最后一击。实践已然背叛了理论。历史唯物主义的目的论主张此时似乎如同唯心主义的道德律令一样失去了价值。社会变革不再是问题所在。极权主义 28
使保存个性成为批判理论关注的中心。

新的动力和反抗形式必不可少。霍克海默早期的格言集《黎明》早已将移情和同情解释为采取行动的具体需求和道德冲动。他的想法与大卫·休谟曾对康德哲学提出的批评是一致的：这位伟大的苏格兰哲学家断言，动物应当受到保护并非由于它们会思考，而是由于它们遭受了苦难。情感体验因此被理解为反抗和解放的源泉。本雅明写到超现实主义凭借其对无意识的力量的倚赖，如何引发了一种革命“陶醉”，回应着令人麻木的“内心贫乏”。

阿多诺对其《最低限度的道德》（1951年）给出的副标题是“残生省思”。爱和自我实现在弗洛姆后期的作品中扮演着更加深刻的角色，马尔库塞最终在《论解放》（1972年）中形成了“新感性”这一思想。法兰克福学派此时正致力于恢复个人生活中被压抑的潜能。

对暴行的蔑视和对正直生活的渴望激发了法兰克福学派的思想活动。它的所有成员都不仅对消除社会不公，还对消除苦痛的心理、文化和人类学根源表现出明确的兴趣。这项事业的思想支持来自众多源头。法兰克福学派大胆地尝试将不同思想家的深刻见解吸收到历史唯物主义的框架当中。其成员要么将希望寄托于弗洛伊德可能支持他们对文明的批判的元心理学，要么寄希望于他在临床工作中形成的真知灼见。此外，法兰克
29 福学派的领军人物如同他们这代人一样，也受到尼采，包括其对主体性的恢复、其“透视”方法、其对现代主义的贡献以及对文化市侩的尖锐批判的启发。这些思想家有助于深化法兰克福学派的哲学观和文化观。他们的观点是否在逻辑上符合某种预设的历史唯物主义体系，被认为是无关紧要的。

事实上，本雅明试图将马克思主义的革命承诺纳入神学术语的框架之中，以对其进行重塑。在他1940年离世前不久撰写的《历史哲学论纲》中，弥赛亚可以随时出现；紧急状态和制约因素在耐人寻味的“此时此刻”（*Jetztzeie*）的可能性之前让位；革命成为一种末日审判式的“朝向广阔历史天空的一跃”。他没有指出这一切如何实现——甚至具体暗示着什么。意象战胜

了现实：想象信马由缰。拯救历史被遗忘的瞬间此时成为批判的目标。本雅明将历史设想为“不断堆叠残骸的一整场灾难”。只有站在救世主式的唯物主义立场，这场灾难的碎片才是可以拯救的。

格肖姆·肖勒姆称他的朋友是“被放逐到世俗王国中的神学家”，此话正中要害。本雅明的研究留下的与其说是一种明确的方法，毋宁说是将经验的神学改造同历史唯物主义的革命内核相融合的注定失败的尝试。他经常采用现代主义的技巧，也受到对于主体性的强调的启发，这不仅来自表现主义和超现实主义，也来自浪漫主义和巴洛克风格。他的规劝，即“永不忘记最好的”，同时结合了“打乱历史”的想法。弃置的碎片揭示出对未阐明的状况施以末日拯救的可能，这可能随时发生——或者更有可能永远不会发生。 30

日常生活成为乌托邦的素材，任何先入为主的计划或一套普遍概念都不足以决定它。乌托邦源于充满想象力地想要重塑本雅明所谓的历史“垃圾”——被遗忘的林荫大道的样貌、邮票、儿童文学、进餐、书籍收藏、大麻带来的欢愉、向时钟射击的革命者的记忆。蒙太奇和意识流最适合产生一种“革命陶醉”，这种“革命陶醉”导致1789年那些激进的街头战士的确朝头顶上嵌入塔楼的时钟开了枪。现实本着对未来的救赎改变了它的样貌。充满想象力的愿望——原本是神学的——打破了历史的物质限制。每一个时刻都是弥赛亚可能会通过的大门。

问题在于如何最好地开启它。要记住最好的，就需要一种明确的解释学方法，它基于这样一种假设：“寓言之于语言，犹如废墟之于事物。”文明提供的仅仅是乌托邦必须拯救之物的暗示和线索。与保罗·克利的著名画作《新天使》（1920年）相契合，历史天使面朝过去，却被推向未来。本雅明拥有这幅画作并引以为荣。这幅画最终成为左派的象征。本雅明在他的《历史哲学论纲》中以如下方式描述了这位天使：

> 他的脸朝向过去。在我们发现一连串事件的地方，他看到了一整场灾难，灾难使废墟不停地层层堆叠并将它们抛向他的脚前。天使想要停下来，唤醒死者，并将破碎的修复完整。但一阵风暴正从天堂吹来；风暴卷着他的翅膀，力量大到天使再也无法将它们合拢起来。风暴不可抗拒地将他推向他背对着的未来，他面前的那堆残骸直耸云天。这
> 31 场风暴就是我们所谓的进步。[①]

救赎此刻成为乌托邦的钥匙。通过在废墟边搜寻并以残渣碎屑点燃想象，批判唤醒了历史所遗忘的。总体性这时让位于并置的经验事实的“星群”，它阐明了某个特定的主题或概念，观众必须为这个主题或概念提供不断变化的联系和解释。本雅明离世后出版的未完成的《拱廊计划》就表达了这一观点。它尝试交出一部“现代性初史”，通过提供数以千计没有作者评论的引证，呈现出一种超然的叙事，这种叙事由碎片构建起来，并以对读者的渴望不断变化的凝视来加以塑造。这些引证存在于经验“水平”当中，似乎不受强加的外部范畴的影响，构成了宏大的蒙太奇。如果全面管制的社会通过思想的公式化对其加以

① 译文参考［美国］汉娜·阿伦特编：《启迪：本雅明文选》，张旭东、王斑译，生活·读书·新知三联书店2008年版，第270页。

规范，那么救赎就无法在简单的叙事形式中找到。只有格言或片段容得下易逝的瞬间，在这瞬间之中，乌托邦的闪现可以被照亮。折中的总体性让位于成为批判理论组织原则的个体构建的星群。

1931年，阿多诺在作为研究所就职演讲的《哲学的现实性》中以其挑战了黑格尔和马克思的总体观。可能形成关于被呈现之物的共识的结构化叙事或统御一切的逻辑，是星群不予提供的。每一位观众都可以在碎片上留下解释性的标记，如同他/她正在看着一幅拼贴画或超现实主义画作。本雅明的《拱廊计划》使星群更加清晰。他对现代性的解释是对一个看似完整的世界的理性假设的质疑，这个世界实际上是由分裂和混乱主导的。

批判理论改变了关注点：它此时的目标是从个人融入其中的思想沉睡中将他/她唤醒。主体性不再被认为与任何范畴是 32
一致的，也不再被认为能够被任何范畴加以界定。比如，在《本真的行话》（1964年）中，阿多诺强调，甚至存在主义现象学也致使经验标准化，而本体论意义上的结构化直觉——尤其是那种与濒死和死亡有关的直觉——以个体化代替了个体性。将经验从批判思考中分离出去为意识形态创造了空间，也削弱了抵抗阿多诺所谓的“虚假条件的本体论”的能力。本雅明和阿多诺对体系、逻辑和叙事的抨击是有代价的：它摧毁了形成道德和政治判断标准的能力，因而使批判理论有可能陷入相对主义。

在《现代性的哲学话语》（1987年）中，于尔根·哈贝马斯试图解决这些哲学问题。他质疑对于自由浮动的反抗的主体性的强调，坚持认为任何真正的社会批判理论都需要明确的基础。最好依靠语言的结构——或交往行为——为相互性、反思和普遍性奠定基础。但这种形式的批判为拥护既定体制的哲学形式提供了过多的理由。它依然停留在分析性的问题中——这种观点仍然被它应该反对的东西所界定。

马克斯·韦伯是在总体上对批判理论，尤其是对法兰克福学派影响最大的学者之一。他从未撰写过一部充分阐述他的方法的著作，关于其特征的讨论仍在继续。美学和哲学迷恋在我们所谓的后形而上学时代塑造了批判理论，而韦伯对于以形而上学对待实际问题的合理的怀疑成为对这些迷恋的有益纠正。事实上，据说韦伯在晚年说道："方法是所有问题中最为无效
33 的……任何事情都不是单靠方法就能实现的。"他是正确的。

法兰克福学派最初自认为表达了注入批判性思维、一种具有想象能力的新形式的唯物主义形式，以及反抗日渐官僚化的世界的前景。但越来越不清楚的是，它的思辨性研究想要满足的实际目标是什么。对于反抗的理解日益模糊。似乎实际的利益冲突、真正的权力失衡在由异化和物化界定的总体中正在烟
34 消云散。

第三章

异化和物化

1932年，思想界发生了一件非同寻常的大事。这一年，卡尔·马克思的《1844年经济学哲学手稿》终得出版，与之相伴的是研究所《社会研究杂志》上赫伯特·马尔库塞的一篇出色的评论。这部作品集由莫斯科马克思-恩格斯研究所所长大卫·梁赞诺夫从所里夹带出来，鉴于当时的政治气候，他显然是冒着生命危险。这些手稿，连同青年马克思的其他著作，很快就获得了国际声誉。它们在整体上证明了西方马克思主义，特别是格奥尔格·卢卡奇的许多观点。

青年马克思的作品显示出一种乌托邦特质。它们优先关注人类苦难的人类学和存在主义因素，而不是单纯经济性的资本主义剥削。异化的根源在于无法把握历史的运行并使其顺从于人类的控制。劳动分工即体现出这种情况。它使工人们日益远离他们生产的产品、一同劳动的同伴以及——最终——他们作为个体的可能性。因此，消灭私有财产本身不是目的，仅仅是取
得历史控制权的踏脚石。 35

青年马克思提供了一种末日审判式的视角。自由主义国家中的政治解放服从于解放人类的理想，这是一个没有阶级的生产者的自由联合体。促进个体自主性——或许是革命的资产阶级**特有的**道德目标——被融入对于实现“类存在”这一新的群体性和有机性概念的关注之中。改善匮乏或者说“贫困”的世界中的劳动条件，让位于“向自由王国的飞跃”。异化，同时也包括未言明的物化，此时成为激进行动的靶子。诸如此类的想法改变了关于马克思主义的普遍理解，使共产主义政权甚为窘迫，对于法兰克福学派的启发不亚于1968年的激进知识分子。

苦痛的根源

异化有着漫长的历史。它同乌托邦的联系在《圣经》中有关逐出伊甸园的部分就已出现。失乐园的故事要早于商品交换世界失去目标。《圣经》的寓言不失为人性堕落的佐证，也解释了为什么人们被责罚“要用他们额头的汗水赚取面包”。它还说明了个人之间的信任为何已经丧失，自然缘何以敌人的面目出现，更有趣的是，救赎何以是可能的。团结与和谐遭到放弃。亚当和夏娃展示了自由意志。他们被逐出伊甸园是自讨的——原因是向邪恶屈服。或许不同的选择能带来天堂的重建。普罗米修斯也许曾试图实现这愿望：他成为马克思喜爱的神话人物是有原因的。但邪恶的神祇因普罗米修斯的自大惩罚了他，正如那些试图修建巴别塔的人们也确切无疑地受了罚。

天堂总是与伊甸园联系在一起。伊甸园是确保人与自然有
36 机联系的世界。艺术与科学、财富以及技术可以孕育文明，但如同让-雅克·卢梭在他的《论艺术与科学》（1750年）中提出的著

名观点，它们破坏了有机共同体，造成了人与自然之间的对立关系。人为的需求由此被创造出来，腐蚀了正直、淳朴、仁爱、诚实等自然美德。只有彻底重建的社会才可能恢复这些价值观，同时克服人们经受的孤独和无意义感——以及死亡的前景。

从圣奥古斯丁到卢梭等众多思想家，特别是浪漫主义者中卢梭的追随者都探讨过这些主题。对于基本思想最好的表达或许来自弗里德里希·荷尔德林，这位深受后来的批判理论家们敬爱的青年黑格尔的密友在《许佩里翁》（1795年）中写道：

> 你看到的是手艺人，但不是人；思想家，但不是人；牧师，但不是人；主子和奴才，少年和成人，但没有人——这难道不像是在一处战场，手、胳膊和身体肢解得横七竖八，血肉模糊，肝脑涂地吗？[①]

然而，首先对异化做出系统分析的是G. W. F. 黑格尔。他认为，异化存在于人类远离其规范性目的而其创造物不受其意识控制的情况之下。世界历史是意识所遭受的耻辱，其目的是重新适应人类无意中创造的东西。把异化植根于意识的结构中，可以看作是将意识与现实隔离开来。但黑格尔对潜藏在客观世界背后的主体力量的认识表达了唯心主义的基本愿望，即疏离的世界应该被转变为人的世界。黑格尔的主要关注点在于社会活动以何种方式逃脱意识的方向，以及历史可以说是在人类背后以何种方式发生。

① 译文引自［德国］荷尔德林：《荷尔德林文集》，戴晖译，商务印书馆1999年版，第115页。

文明整体生而复亡，结果与意图背道而驰，精神生活和政治活动最好的成就都付出了血的代价。黑格尔将历史视为“屠宰台”，尽管人类自由的实现是注定的。这样一个领域可以如此界定：其中的每一个个体依据他/她自身被完全视为一个主体。普遍的互惠最终体现在法治的官僚国家、以所有人自由平等进入的市场为基础的公民社会以及每一个主体都在情感上得到接纳的核心家庭之中。理性推举出这样一个无所不包的互惠领域，因为黑格尔认为，作为理性最高化身的哲学从苏格拉底时代以来便体现出普遍性。

消除异化于是涉及拯救历史的苦难，黑格尔将其称为“绝对精神的骷髅地”。但他并不是乌托邦主义者。实现自由是目的论过程的顶点，在其中，专断地行使权力在一个法治的新国家中遭到否定。在个人依然必须面对其死亡的情况下，即便在“历史的终点”，冲突和生存异化依旧存在。宪政国家只是创造了一个空间，他们在其中终于可以专注于私人的事务而不受外界干涉。但异化和物化仍旧存在于公民社会剥削性的阶级关系之中。

黑格尔的思想仍然停留在国家层面。这不仅仅是由阶级利益导致的。他没能根据异化的根源存在于资本主义生产过程之中来予以讨论，这也有存在主义的成分：将异化的物质性牵扯进来会涉及否定他的全部计划的资产阶级目标。异化因此在试图消除它的哲学中寻找出路。工人协会、无阶级社会以及马克思
38 所谓的“前历史”的终结都未列入议题。即使最伟大的资产阶级哲学家们也无法构想出某些政治制度能够使社会的运转方式服从于创建它的人们。

黑格尔在《精神现象学》（1807年）中指出，每个历史时代

的统治者对于阻止这样的意识的产生都有事关存亡的利益和物质上的利益。他们设法通过意识形态和制度手段使他们的奴仆们相信对他们，即他们的主人的依附。这就是黑格尔和青年马克思的出发点。批判方法成了工具，奴仆们——以及广大无产阶级——通过它意识到他们作为特定秩序的生产者的力量，从这种秩序中真正获益的只有统治者。消除异化因此取决于被奴役者，或者更确切地说是工人的觉醒。

青年马克思认为，讨论国家的美德，或者通过含糊其辞的范畴如主仆或贫富实现某种预制的自由观，只会阻碍对于异化根源及其如何持续存在的认识。因此，在《1844年经济学哲学手稿》中，马克思强调“随着对象性的现实在社会中对人说来到处成为人的本质力量的现实，成为属人的现实，因而成为人自己的本质力量的现实，一切对象也对他说来成为他自身的对象化，成为确证和实现他的个性的对象”。①

黑格尔称整体即真理。他认为资产阶级的自由法治国家已经实现了自由。然而，按照马克思的看法，无产阶级对这种臆断提出了异议。这个被剥夺公民权并且遭受剥削的阶级的存在说明了自由如何被截断。这个阶级在结构上的优势受到了忽视。资产阶级认为，资本主义是建立在利己主义假设之上的，个人是 39
生产活动的主要单位。但这种观点无法形成关于社会现实的构成及其经济生产过程的矛盾的认识。倘若有如马克思从路德维希·费尔巴哈那里学到的，宗教造成人类被其大脑产物所控制的局面，那么在资本主义之下，人类则受到其手造产品的支配。

① 译文引自［德国］马克思:《1844年经济学哲学手稿》，刘丕坤译，人民出版社1979年版，第78—79页。

马克思相信，即使在资产阶级社会日渐富有的时候，工人阶级也会越加贫困。工人阶级在精神上也会日益贫乏。它逐渐成为机器的附庸。对多数人而言，个性、创造性、凝聚力都在遭到削弱。资本主义生产的紧迫任务需要仅仅将其视为生产成本，这种成本必须尽可能保持在最低限度。利润最大化还要求劳动分工，工人阶级中的每一个成员由此同装配线上的其他成员相分离，无法获知其他工作并发展他/她的全部潜能，也不能了解最终生产出来的产品。同样的劳动分工也影响到现代国家。数学公式以超越历史的语言界定营利能力和效率而没有意识到阶级利益的结构性冲突。社会的历史性、可替代性和多变性因此遭到剥夺。

异化界定了这样一种总体性，其永存建立在将人转变为物，或者说物化的基础之上。资本主义日益剥离掉人的人性。它将参与商品生产的真正的主体（无产阶级）当作对象，而将生产活动的真正的对象（资本）转变为现代生活虚构的主体。扭转这个“颠倒的世界”——马克思从黑格尔那里借用的一个观点——或许只能依靠消除《资本论》中提出的“商品拜物教”。
40 或者换种说法，消除异化要求消除物化。这需要意识到将要改变的是什么。世界必须得到新的思考。

青年马克思增加了革命的风险。即使资本主义不断取得成果，激进行动还是将人的苦难作为靶子。官僚主义、金钱和工具性思维具有人类学根源，即便新的生产过程强化了它们的主导地位。卑贱之人自古以来遭到工具式的对待。商品形态和官僚主义可以追溯到古罗马的股票交易和罗马天主教会的等级制度。其弦外之音显而易见。工人们不可能持续满足于要求自

图4 异化和物化摧毁了主体性,将工人转变为生产成本

由民主制度、社会改革以及严格计算经济利益。无产阶级必须立即认识到其自身乃是历史行动的主体——而不单是外力的对象——其目标是消除异化和阶级社会。

青年马克思已经勾勒出这样的愿景。然而，在1932年前其作品尚未出名的情况下，对卢卡奇以及随后其他批判理论家阐述（即便不是解决！）异化与物化问题产生重要影响的乃是马克斯·韦伯。作为创作出经典著作《新教伦理与资本主义精神》（1905年）的饱受折磨的学者，以及同情民族主义和帝国主义的自由主义者，韦伯著名的演说《学术作为志业》（1918年）构想了一个启蒙运动的希望正在“不可挽回地消失”，且社会日益被“没有灵魂的专家”和“没有心肠的肉欲享乐者”主宰的世界。工具理性采用了一种以数学方式定义的效率概念，此概念的前提是把所有任务都变成例行公事。现代生活日益将使用专门知识并在分层指挥系统中严格限定职责范围置于首位。把握全局的能力将消失；德国人所谓的纪律白痴会取代智者；道德标准
42 将降格到科学和政治生活之外的领域。韦伯将未来想象成官僚主义的铁笼——即使他从未明确地使用这个经常与他关联在一起的用语——它更加确定地导致真正的主体性的边缘化。

启示与形而上学

青年布洛赫和卢卡奇时常出入韦伯在海德堡的著名沙龙，在此结识了埃米尔·拉斯克、海因里希·李凯尔特和格奥尔格·齐美尔。他们都关注异化的现代社会结构以及物化可能引发的后果。韦伯及其圈子的影响明显体现在布洛赫《乌托邦精神》第一版（1918年）和卢卡奇写于1915年并于1920年出版的

《小说理论》中。实际上，布洛赫喜欢说他撰写了一半，而卢卡奇撰写了另一半。两部作品都体现了卢卡奇随后提出的“浪漫的反资本主义”。

这一用语意在指明与资本主义的一次重要邂逅，对于其实际运转方式的不解带来的要么是启示般的憧憬，要么是回归自身。这是由于浪漫主义的反资本主义倾向于调和左翼政治学和右翼认识论。《乌托邦精神》和《小说理论》无疑就是这种情况。但它们仍然是具有深远影响的作品。

对于现代生活的异化的思考、天启般的感觉以及严苛的现代性批判，构成了他们对于批判理论的思想遗产。他们每个人都强调生活日渐支离破碎，人际关系也正在瓦解。每个人都期待着一种基于寻求真实经验的（或者更恰当地说是其丧失）新的团结形式以及一种天启般的感觉。每个人都提供了一种新的历史哲学，对实证主义和科学迷恋提出了质疑。每个人也都倡导一种审美-哲学观和一种陷入野蛮的西方世界的新开端。

卢卡奇在他的小册子《列宁》（1924年）中强调，这位布尔什维克领导者以献身于“革命实际”而著称。列宁的《怎么办？》（1902年）所支持的理念是由赤诚的政界知识分子组成先锋政党使革命理想抵挡住改良主义的诱惑。1914年，他独自倡导将国家之间的战争转变为国际性阶级斗争。1917年，列宁提出了“一切权力归苏维埃”的革命口号，他的《国家与革命》（1918年）构想了一个共产主义国家，按照这个词的真正意义，它不再是一个国家。列宁的布尔什维克似乎引领了一阵“东风”，注定要席卷腐朽的文明。他在组织上的设想似乎是某种政治主张的重要部分，在这种主张中一切仿佛皆有可能。无产阶级——或者更确切地说是先锋政党领导下的无产阶级——大概正是新的历史主-客体。

《历史与阶级意识》表达了对于伴随俄国革命而来的复兴与革新的渴望。柯尔施以及葛兰西的作品也不例外，尽管他们没有形而上学工具和启示录式的语言。他们都描绘了一幅获得解放的世界的愿景，它产生于俄国革命以及随之而来的1918至1923年间的欧洲起义。相比于笼罩着工人协会参与式民主的戏剧性、金钱和等级的消除以及具有乌托邦意味的多种文化实验，自由共和主义黯然失色。无论真正的无产阶级的经验意识如何，只有共产主义先锋被认为尚能终结异化的世界。

然而，《历史与阶级意识》1923年甫一出版即成为激烈批判
44 的对象。将无产阶级（或者更确切地说是共产党）视为历史的主-客体被认为是唯心主义，而不是马克思主义的乌托邦式的产物。普遍的看法是卢卡奇夸大了意识对于经济恶化的作用，他的作品也没有讨论具体目标以及行动受到的制度限制。但是，随着马克思《1844年经济学哲学手稿》的出版，卢卡奇的许多观点获得了迟来的辩护。共产国际尤为窘迫，因为在1924年其领导者已经迫使卢卡奇宣布与其杰作决裂。青年马克思的作品恢复了对于多数知识分子倾向于视为僵化顽固的政治意识形态的兴趣。

但异化借由埃里希·弗洛姆的《逃避自由》成为名副其实的流行概念。第二次世界大战于1939年爆发后，纳粹主义成为自由和进步知识分子的头号敌人。弗洛姆揭示出与魏玛共和国资本主义相关的“市场特征”以自我为中心的贪婪品性，如何被新的法西斯政权转变为建立在明确消除自主性基础上的“施-受

虐人格”。能够抵制新政权宣传手段的所有公共机构——大众媒体、学校、教会乃至家庭——的破坏导致个体的完全孤立或原子化。

这种极端异化不堪一击。由此形成对于权威(即元首)的认同，致使个人充满仇恨却一心逃避道德责任。社会和心理影响的独特汇合导致了奇特的权威人格结构。

马克斯·霍克海默采用了一种更加统御一切的路径。他的论文《权威主义国家》(1940年)分析了现代自由主义、共产主义和法西斯主义的混合。它们都有赖于官僚式管控、等级与恭 45
顺、宣传与大众文化、分工与机械化劳动。个体同劳动产品、其他工人以及更为广泛、更为包容的个性观念相背离。总体在所有地方都从视野中消失了，个体不过是机器上的一个齿轮，物化乃是常态。政体类型之间的差异或许依然存在，但最终，形式就是内容。事实上，随着曾经与无产阶级联系在一起的目的论希望的落空，抵抗失去了其政治指向。权威主义国家使人们对构建实践理论的能力产生了疑问。

异化和物化因此日益被视为心理和哲学问题，首先需要心理学和哲学解决办法。比如，于尔根·哈贝马斯在《知识与人类的旨趣》(1971年)中假定了一种基于“未失真的沟通”的“理想的言语情境”。这种理想情境在面对面的精神分析中具体起来，在此，分析师与来访者不受外部或物质旨趣的妨碍，决心找出任何特定神经症或异常状态的真正源头。传统哲学形式如实证主义和现象学中缺乏的“可普遍化的旨趣”由此产生。

批判此时获得了确实的基础。其与话语操纵的对抗是从“解放性”基础开始进行的。这具有某些实践意义。激进人士之间的相互理解变得至关重要，每个人也都必须证明对他/她的目标和策略进行了自我批评。毕竟在原则上，未失真的沟通是一切形式的协商民主的基础。以往对于现实的历史构成的关注，此时也可以作为技术问题加以对待。哈贝马斯表明了他的立
46 场："在自我反思的力量中，知识与旨趣合二为一。"[①]

然而，这种新的心理-哲学路径的论证和定义问题很快便出现了。理想的言语情境是否仅仅是社会行动在方法上的起点，还是具有自身规则的固定的哲学范畴？是就社会批判理论来理解未失真的沟通，还是将其理解为拥有自身规则的语言哲学新变体的基础？哈贝马斯做出了"语言学转向"。

批判理论因此开始向分析哲学迈出第一步。哈贝马斯的另一部经典著作《交往行为理论》（1981年）诚然还是警告道，工具理性和晚期资本主义的制度力量对个人的生活世界构成了威胁。与历史相隔绝的交往行为及其语言规则成为反抗的工具。但参与反抗的动力完全是另外一个问题。在不涉及生产过程或政治组织的情况下，对于承认和认同的新的关注变成首要问题。然而，这类需求经常产生冲突。哈贝马斯的弟子阿克塞尔·霍耐特试图通过强调个人的"关怀"能力处理源于异化和物化的这类冲突。

鉴于关怀涉及承认他人并限制更加麻木不仁的利己主义，移情占据了中心位置。异化和物化此时被作为哲学和经验问题，需要以哲学为基础的经验回应。道德规范又一次同政治生活的现实割裂开来。制度性权力失衡、团体利益的结构性冲突

---

① 译文参考［德国］J.哈贝马斯：《知识与人类的旨趣：一个普遍的视角》，载《世界哲学》，方环非译，2015年第2期，第45页。

以及资本主义积累的急切需要淡出了视野。具体说明关怀等问题的限制条件，或者应对异化和物化的适当的行为方式，成为次要问题。对于形成任何有意义的团结——和反抗——概念，其削弱性影响不言而喻。 47

然而，公平地说，法兰克福学派核心集体的多数成员都认为，（从既存体制内部）为异化和物化开出药方在最好的情况下也是无效的，在最坏的情况下更是原则上的妥协。无产阶级一失去革命根基，悲观主义便在核心集体中弥漫开来。马尔库塞在《哲学与批判理论》（1937年）中已经指出，基于实现自由王国这一前景的黑格尔和马克思的辩证法受到了阻碍，激进变革不再列入议程。

官僚制的铁笼似乎导致了“个人的终结”。这是霍克海默在《理性之蚀》（1940年）中描述的景象。资本主义不再产生掘墓人，极权主义影响着政治光谱的两极：霍克海默直言不讳地宣称“两极相遇了”。关于社会主义和历史演进的传统设想因此需要修正。官僚社会的整合性力量、有组织的反对力量的无能为力、进步的倒退性以及培养自主性的需求——重中之重——都需要一个新的框架进行讨论。如果革命不能再等同于解放，那么反抗必须改变其性质。这终将涉及直面文明、进步以及启蒙。

回望过去

批判理论家们在《1844年经济学哲学手稿》中看到了对于结束人类“前历史”压迫的新的重视。社会主义此时被视为对待人的方式，而不是一套固定的制度和政策。青年马克思似乎表现出乌托邦倾向，也呈现了从利己、暴行和异化中解放出来的

新人的图景。反抗资本主义的革命如今转变为某种旨在改变人
48 类境况的东西。批判家们认为此时不可能预见革命成功会带来什么。然而，理解革命的失败会更为容易。新发现的青年马克思的著作对于挑战有关社会主义的灰暗、单调理解起到了重要作用。

埃里希·弗洛姆的《马克思论人》（1961年）开始受到广泛的欢迎，并且启迪了一代美国激进人士。然而，即便在这之前，弗洛姆也一直关注异化现象。他关于宗教与心理学的著作便说明了这一点。资本主义将遭到反对不仅仅因为它在物质上是剥削性的，而且由于其非人的市场力量体系要求个人将彼此作为潜在的竞争对手和达到目的的手段。问题对他来说不仅仅是人类已经无法掌控的机械化社会，而且是它促成的内在被动和精神迟钝。因此，他的批判社会心理学的前提是阐明并肯定反资本主义价值观以及个体发展的进步的可能性。这是将社会主义重新塑造为一种人文主义，同时淡化狭隘的阶级问题和革命的重要尝试的基础。

然而，亨利·帕赫特曾告诉我，他在1932年阅读《1844年经济学哲学手稿》时的第一反应是“此乃马克思主义的终结”。他是一位社会主义活动家和政治史学家，也同法兰克福学派有所联系。帕赫特的这类观点如今听起来很奇怪，但在20世纪30年代的环境下是有道理的。马克思主义依然被理解为具有科学基础和目的论保证的面面俱到的哲学体系。共产主义运动笼罩着一道光环，社会民主主义似乎依然代表着对于政治独裁和社会不公的唯一的真正反抗。社会主义运动和共产主义运动对于实
49 现乌托邦的意愿，不如实现主要产业国有化和市场监管、以（民

主或独裁的）无产阶级专政代替资产阶级统治，并且引入一种或许基于科技进步的新的世俗意识形态那么强烈。

更为传统的观念远不如新方法以其对于异化和物化的抨击所带来的东西引人注目。但其目标清晰，并将政治置于首位，其中自有令人钦羡之处。怀旧是没有必要的。只有与随后的奇特论调和乌托邦式的夸张相比较时，其哲学和政治目标才是适度的。 50

第四章

启蒙的幻象

马克斯·霍克海默和西奥多·阿多诺的《启蒙辩证法》或许是左派对现代性进行的第一次重要批判。它起初在1944年以研究所非公开印刷的形式出现，标题是《哲学断片》。然而，当它最终于1947年由克里多出版社出版时，原来的标题已经变成副标题。主题更加明确了。起初，这并没有起到什么作用：只有大约2 000册售出。但如今《启蒙辩证法》被认为是现代哲学的里程碑，也可以说是批判理论的代表作。两种截然不同的思想气质都在这部著作中体现出来。其文本展现出复杂的张力，有可能做出各种解释。然而，某些特征是无可争议的。

这部作品研究了科学（或工具）理性如何将自由逐出历史进程，并使物化能够渗透到社会生活的方方面面。即使艺术也只不过转变为另一种商品，丧失了它的批判性。辩证话语此时不仅仅将盲从作为某种随意的关切加以对待。此外，形而上学也出现了创造性的并且激进的转变。霍克海默和阿多诺通过对
51 于系统思考的系统抨击，或者更确切地说是通过本身成为叙事

的反叙事，对“全面管制的社会”做出回应。这部作品在利用启蒙传统之外的思想家从而更好地理解其局限性方面也做出了精妙的尝试。它坚持认为，不仅进步的代价过于高昂，而且野蛮也根植于文明之中，启蒙运动背叛了它最神圣的承诺：自主。

进步的幻象

《启蒙辩证法》忠实于青年马克思的要求，即要做到真正的激进就要走向问题的“根源”。历史上，无论在理论还是实践当中，左派人士基本上都是认同启蒙运动事业的。即便满怀浪漫主义的青年马克思也坚持认为，无产阶级必须从革命的资产阶级那里获得其目标，它没有自身要去实现的目标。他对自由共和主义的批判，前提是基于无法在资本主义国家的范围之内实现其自由、平等、博爱的启蒙理想。

随着法西斯主义的胜利、共产主义的衰退以及社会民主主义的融合，这些理想被认为失去了威望，由此这种政治批判也被认为丧失了吸引力。奥斯威辛已经刺穿了进步和现代性的光环。做出判断、构建叙事以及理解现实的陈旧标准因此成为时代错误。后现代先于其文字而出现。启蒙和现代性在集中营的世界中得到了满足，这个世界由不负责任的官僚制度加以管理，失去控制的工具理性为其添柴加火并以一种难以想象的怒火的宣泄表现出来。

《启蒙辩证法》纳入了“反犹主义要素”这一绝妙的最后一章的片段，这是在1947年补充的。在这里，偏见被解释为拥有其 52
自身的动力和抗拒理性讨论的逻辑。反犹主义被视为具有人类学根源的人类“第二天性”的一种表达。霍克海默和阿多诺坚持认为犹太人始终有某些“与众不同”之处。如果现代性强制性地使个性日益标准化，那么与差异性和自主性的不期而遇在逻辑上将出于无意识的嫉妒而引发憎恨。这种憎恨就是反犹主义者的标志。纳粹分子对于犹太人的憎恶即便带来了“历史转折点”，还是实现了过去的预感。

资本主义也适于这幅图景。反犹主义没有被简化为某种预制的经济利益。它反而同商品形态联系起来，由此人类不再被视为其自身的目的。他们反倒被当作科层式生产过程中的生产要素。其间，物化削弱着个体行使道德判断的能力。早在第一座集中营建立起来之前，自主性便遭受着侵蚀。自由则一直处在危险之中。犹太人长期被同流通领域联系起来并被视为资本主义的先驱。因此，不仅资本主义需要审问，文明本身也不例外。社会批判理论由此采取了人类学形式，反抗在这种形式中取决于岌岌可危的主体性。

《启蒙辩证法》坚称文明本身就涉及对于主体性的攻击。荷马的《奥德赛》即已描述了主人公为了生存愿意放弃他的身份和姓名。因此，工具理性与主体性的侵失，即异化，内在地联系在一起。它们彼此的联系只不过是在广为人知的启蒙历史时代被具体化了。这个术语因而在《启蒙辩证法》中获得了双重含
53 义。它既被等同于17和18世纪对欧洲宗教教义予以驳斥的历史上特定的科学知识理论，也更广泛地被视为与文明诞生伊始产生的错误和迷信进行的人类学抗争。这部著作的关键在于启蒙运动的历史批判通过何种方式转变为关于进步的人类学研究方法。事实上，正是这一点使它如此具有挑战性和争议性。

科学理性是客观且价值中立的，是可操作和可测试的，它起

初被用来摧毁传统的迷信与偏见，从而促进开放讨论、实验以及宽容。生活在宗教世界中的进步思想家首先关注的是避免神学家干预科学探索。然而，始于抨击宗教教条主义的工具理性，转而以其之力对抗一切非科学准则和规范性主张。这些内容包括最初启迪了科学实验的启蒙所涉及的道德价值（如道德自律和运用良知）。然而，就是在这个意义上，理性的批判性削弱了：更确切地说，它成了大卫·休谟所预言的“激情的奴隶”。

《启蒙辩证法》从尼采、弗洛伊德和马克斯·韦伯那里汲取深刻见解，对黑格尔和马克思做出补充。其作者扭转了将技术发展与进步混为一谈的传统叙述。他们反而将工具理性日益提升的主导地位同全面管制的社会联系起来。新见解抛出了新的反抗形式，要求强调主体和客体——或者不那么抽象地讲，是个体与社会——之间的“非同一性”。鉴于整体是虚假的，进步乃是幻象，唯一批判性的选择就是发展随后众所周知的否定辩证法。只有以这种方式，批判才可能直面启蒙运动带来的错觉。 54

就意识形态主张来看，科学一直被视作无关价值并且是中立的。然而，如同商品形态和官僚制度，科学也关注其领地的拓展。科学理性由此很容易与资本主义和官僚制国家的需要相结合。资本主义、官僚制度和科学——工具理性的全部表现——构成了启蒙运动的真正核心。它们将自然变为利用的对象，使进步成为异化，将自由转变为控制。自主是个麻烦，批判是种威胁。启蒙运动或许与这些理想有关，但它真正的目标却是规范和控制。其拥护者以解放的名义最终助长了技术主导的理性。启蒙运动最初力图消灭的非理性观念由此作为其自身产物重新出现。

人类为了增强支配自然的力量付出的代价是主体性的丧

失。启蒙运动的人文主义无视它所处的支配地位，同样无视它孕育的反抗，它不能理解在它的“最内在之处，一名疯狂的囚徒恼羞成怒，作为法西斯主义者将世界变成牢笼”[①]。这才是启蒙运动真正的遗产（即使没有获得承认）。它始于康德，经萨德侯爵延续至尼采。康德建立了认识论屏障，避免科学受到形而上学和宗教的干预，萨德将工具式地对待个人推向极致，尼采最终使理性和良知服从于权力意志。

《启蒙辩证法》并不是说个人被简单地转变为机器。所发生的乃是自主性的扭曲。个人被认为除了做出技术或情绪判断之外越来越别无他能。（需要注意的是，对于庸俗唯物主义和直观的形而上学的早期批判在这里开始发挥作用。）运用良知并想象自

55 由社会变得越发困难，而且，即使只是因为这个原因，极权主义的吸引力也在增长。一个社会学和哲学的解释——如果不是辩解的话——出现在那些宣称他们“只是在服从命令”的人们面前。陈旧的政治抵抗方式不再可行：在进步由物化来定义的地方，批判理论事实上的处境是向野蛮的洪流投掷装着解放讯息的瓶子。

自由遭到俄国革命的背叛，自由主义违背了自由社会的承诺。工具理性不可逆转地确保了这一点。哲学唯心主义最初建立在没有任何经验决定因素的普遍主体理念之上：这是个人在做出道德决定时应当使用的参考。自由主义将普遍原则用于法治及其权利观念，但那恰恰是问题所在。从以工具性需求的名义宁愿放弃个性，到凭借抽象人性否认阶级诉求，直至最终对形而上学抽象本身的攻击——所有这些都成为一个单一逻辑之中的逻辑步骤。进步

① 译文参考［德国］T. W. 阿多诺：《〈最低限度的道德〉第二部分》，张慎译，载《世界哲学》2003年第6期，第32页。

不像好资本家一直所说的那样，是道德良知的提升和人性的完善。情况完全相反：自主性和道德规范遭到了抹杀。正如阿多诺后来喜欢说的，实际的进程是从弓箭到原子弹的变化。

霍克海默和阿多诺认为启蒙运动的政治思想带来了进步的幻象——代价是惨痛的。西方马克思主义者从未迷恋自由共和主义，而在1933年，随着阿道夫·希特勒的胜利，法兰克福学派也有同感。1934年，马尔库塞这位核心集体中大概最具政治洞察力的一员甚至指出，不仅从对于私有财产的承诺来看，而且就政治主张而言，自由主义和极权主义之间都存在密切联系。

《启蒙辩证法》阐明了这一点。它的作者认为，自由主义作 56
为一种观念固然是美好的，却是对既存状况的辩护。它对非人道和非理性的熟视无睹导致自由主义及其人道主义冲动至少是不能有效地向其敌人发起挑战，在最坏的情况下，还会与它们沆瀣一气。他们就这一问题直言不讳地指出："启蒙对待万物，就像独裁者对待人。独裁者了解这些人，因此他才能操纵他们。"[①]歌德挚爱的橡树矗立在布痕瓦尔德集中营中央，为启蒙运动的命运提供了一个惨痛且具有象征意义的例证。

霍克海默和阿多诺关注的不仅是极权主义产生于自由体制如魏玛共和国这一经验事实。他们还相信法西斯主义是其取胜之前既存状况的产物，这不是在某种否定意义上，而是作为其公开（但虚伪地）谴责的那些状况的实际延续。自由思想遭到了它们根植于其中的工具体系的背叛。本应为其存在

① 译文引自［德国］马克斯·霍克海默、西奥多·安道尔诺：《启蒙辩证法——哲学断片》，渠敬东、曹卫东译，上海人民出版社2006年版，第6页。（此译本对作者名的译法与本书中有所不同。——编者）

图5 法西斯主义在启蒙运动中找到了它的根基。照片中是布痕瓦尔德集中营中歌德珍爱的橡树

57 正名的那些思想，使它对良知的颠覆愈发严重。犹太人群遭受的苦难最为沉重，原因在于在人类学上文明社会总是给它打上“异族”的烙印，而历史上它被普遍视为自由主义和资本主义的先驱。

这种具有讽刺意味的状况是不可避免的。在自由思想的伪装背后，物化过程从良知的罗网中释放了非理性的恐惧和本能的冲动。作为其结果的反犹主义反映出一种状况，在其中“被剥夺了主体性的盲目的人们作为主体被释放出来”。这些空洞的个体是没有道理可讲的。他们的非理性根深蒂固。这不仅仅是由法西斯主义，也是由文明和启蒙遗产意想不到的结果所塑造的。

远离历史

瓦尔特·本雅明在他的《历史哲学论纲》中指出，“没有一部文明的记录不同时也是一份野蛮暴力的记录”[①]。或许如此。但这一主张恰恰回避了问题的实质：如何将两者区分开来并断定哪一种特质在任何特定的记录中更为普遍？《启蒙辩证法》从未阐明提供答案所需的标准。两位作者拒绝就启蒙运动对于制度、运动和政治理想的影响对其进行讨论。相反，他们将其同一种单一的理性形式联系起来，进而按照一种单一的人类学叙事予以追问。启蒙运动在没有参考反启蒙运动的情况下受到批判。限制独断地行使制度性权力与鼓励自由地发挥个性之间的历史性矛盾就此消失。思想传统失去了它们同有组织的实践形式的联系。存在的只有工具理性这一转型的，或者更确切地说是新世界的精神。

《启蒙辩证法》丝毫没有论及影响深远的政治思想家，对约 58
翰·洛克、戈特霍尔德·莱辛、伏尔泰、本杰明·富兰克林或托马斯·潘恩只字未提。这部论著的两位作者看得更远。他们关心的是萨德侯爵、叔本华、柏格森和尼采。他们都与启蒙运动的政治原则以及致力于实现这些原则的组织无关。他们反自由、反社会主义、反民主、反平等、反理性并且反历史。

霍克海默和阿多诺对于科学理性的批判也有政治上的误导性。法西斯主义者从未沉迷于科学理性或普遍范畴。相反，他们从意识形态上运用“犹太物理学”或“意大利数学”等概念。20世纪，科学理性的多数实证主义和新实证主义拥护者都是自由主义者，如卡尔·波普尔；一些是社会民主主义者，如鲁道夫·卡尔纳普；也有少数如汉斯·赖欣巴哈甚至一度是极左派

---

① 译文参考［美国］汉娜·阿伦特编：《启迪：本雅明文选》，张旭东、王斑译，生活·读书·新知三联书店2008年版，第269页。

成员。伟大的社会主义思想家和活动家诺贝尔托·博比奥指出，对于实证主义的蔑视（而不是接纳）是法西斯主义的特有标志。他无疑是正确的。

显然，这一切都无关紧要。霍克海默和阿多诺更感兴趣的是在个人和群体的自觉意图背后发挥作用的辩证过程。但他们的辩证法缺乏历史规范。他们从不探究导致新的野蛮的**政治**决定的时刻。《启蒙辩证法》没有论及德雷福斯事件、俄国革命、法西斯进军罗马或纳粹的胜利。组织和意识形态冲突如同相关的人物一样始终不见踪影。极权主义与现代性——以启蒙运动为源头并以工具理性为媒介——之间的联系根本无法令人信服。

依旧不甚明了的是，为何最发达的资本主义国家如美国和
59 英国从未经历真正的法西斯威胁，而远没有那么发达的国家如意大利和罗马尼亚屈从于反动势力。同样不明了的是，为何日本从未经历过启蒙运动，也没有来自左派的对极权主义的探讨。苏联出现的不是现代性的产物而是缺乏现代性的产物：葛兰西实际上将布尔什维克革命视为“反《资本论》的革命”，而列昂·托洛茨基和列宁坚持认为共产主义可能取胜正是由于俄罗斯帝国是“资本主义链条上最薄弱的一环”。

社会民主党领袖中的正统马克思主义者——毫不奇怪——比更加精通哲学的法兰克福学派成员更清楚这一切。卡尔·考茨基和罗莎·卢森堡不仅早在1918年便预言了苏联恐怖机器的出现，而且分析指出其乃经济不发达的产物。其他学者注意到，在德国，资产阶级出于对无产阶级的恐惧，在意识形态上尚未同封建主义达成妥协时，就与反动派结成了联盟。

欧洲法西斯主义**不是**某种预制的哲学辩证法的产物，而是对自由主义和社会民主主义自觉的意识形态回应。它在各地的群众基础主要基于前资本主义阶级——农民、底层阶级以及小资产阶级，他们的存在和物质利益似乎受到了资本主义生产过程及其两个主要阶级，即资产阶级和无产阶级的威胁。与现代性有关的阶级多半支持那些接受大陆式自由主义的政党，或者支持依然在形式上接受正统马克思主义及其共产主义竞争对手的社会民主党。所有这些党派除了共产党之外都是魏玛共和国的支持者，也都是在语言和行动上向它们开战的纳粹分子的敌人。

《启蒙辩证法》将这些真实的历史冲突抛入形而上的雾霭之中。它关于奥德修斯的著名的诠释就提供了一个恰当的例证， 60
奥德修斯对于其身份的舍弃成为在流亡中活下来的唯一途径。“意识的牺牲是根据其自身的范畴理性地进行的。”无法回头。工具理性是生存所需，而我们的生存形式造成了我们的毁灭。启蒙运动是关于一种动力的叙事，这一动力的具体影响以刺在集中营囚犯手臂上的数字而登峰造极。这个具有煽动性的观点引起了非同寻常的关注。它以错误的具体性和错置的因果关系为基础。工具理性并没有带来纳粹主义，甚至没有损害个人做出规范性判断的能力。纳粹的胜利乃是真正的运动之间相互冲突的产物，这些运动的成员很有能力同时就他们的利益和价值观做出不同的判断。

法西斯主义从来不是意料之中的必然结果，正如它从来都不单纯是由现代性决定的。现实的运动和真正的组织、实际的传统和真实的观念相互冲突。忽视它们就是接受法兰克福学派名义上试图反对的思维的物化。《启蒙辩证法》中出现的是一个不肯让步的过程，它排除在外的东西多过它所阐明的东西——就因为它在历史主张上并不明确，政治判断上也不清晰。将性质不同的现象统一在一套规则之下的想法只会导致历史方向的迷失和政治困惑。考虑到卢卡奇本人同斯大林主义的联系，他大概不会加以指责。然而，他嘲讽法兰克福学派从其“深渊大酒店”眼睁睁看着朝向野蛮的跌落是有些道理的。

何去何从？

马克斯·霍克海默和西奥多·阿多诺想要从启蒙本身的角
61 度直面启蒙运动的局限。他们的出发点是自主性遭到的侵蚀。进步在他们看来造成了野蛮，对于资本主义的批判被置于更加广泛的“统治的人类学”之中。他们的工作不偏不倚地立足于马克思主义辩证传统当中。但支撑他们的批判的肯定性要素从不是具体或清晰的。由于整体出了错误，也从没有进行调和，批判理论逐渐被迫将否定作为其指导原则。全面管制的社会是目的论的反向产物。物化正蔓延至社会的每一个缝隙，工具理性无论出现在哪里都只不过表现为另一种统治形式。霍克海默和阿多诺没有提供做出区分的标准。对他们而言，基本情况显而易见：工具理性是问题所在，商品形态是祸根，文化产业是敌人。人们别无选择。只有持续的反抗，它是以始终难以捉摸的个人体验的名义进行的，如果这种体验被认为是真实的。

《启蒙辩证法》计划撰写续篇。两位作者或许觉得他们走得太远了。霍克海默期待的是“尚未书写的肯定辩证学说”。启蒙运动似乎需要拯救或改造，但始终没有实现。关于为何没有实现存在很多讨论。一些人注意的是作品的片段式结构——

它对于格言和蒙太奇叙事方式的运用及其反体系特征。其他人突出的是作者在思想上对否定的投入。还有人指向了他们同左派的决裂以及他们对政治参与的恐惧。然而，或许还有不同的原因。两位作者大概只是发现不可能提供一种“肯定辩证学说”——因为他们不再有任何“肯定的”内容要讲。 62

第五章

乌托邦实验室

1795年，弗里德里希·席勒发表了他的《审美教育书简》。他的目的是保存法国大革命在恐怖统治及随后1793年[①]处决罗伯斯庇尔后保守派摇摆不定时期，也就是热月中摧毁的乌托邦承诺。席勒引入美学作为对现实的乌托邦回应。他的经典著作描绘了一个新的生活世界，其中游戏冲动以其诉诸感性和赋予形式的特质改变着生存方式并悄无声息地重新定义了劳动和科学的性质。审美王国体现了人性的"内在真实"。它摒弃地位与权力的差异，展现了新的团结、自由以及对自然的非工具的对待。乌托邦存在于艺术产生的"美丽幻象"之中。但这种幻象也充当着一种规范性的理想。它依据自身的解放标准和目标塑造现实：它体现了已经被历史背叛的幸福承诺。

法兰克福学派将尝试拯救废墟、碎片和被遗忘的形象以实现这一承诺。它所处时代的无产阶级革命可能转向了极权主

① 原文有误。法国大革命后期，以大资产阶级为首的保守派发动热月政变处决罗伯斯庇尔发生在1794年，而非1793年。——译注

义，新的先锋可能已无法实现其历史使命。但法兰克福学派的改造计划依然烙下了马克思的印记。新的物质条件被视为其转 63 向美学和形而上学的正当理由。与全面管制的社会以及工具理性的统治作斗争，需要抛弃将艺术用于政治目的的一贯尝试。

美学批判立场此时表示，艺术的目标不是以现实主义的方式描绘社会的错误、提供关于事物应该如何的陈词滥调或迎合大众。批判理论重新定义模仿时必须考虑蒙太奇、意识流以及为体验现实并引起受众的乌托邦憧憬提供新形式——新幻象——的其他技术。当实现这些憧憬的条件最不具备时，这些憧憬很可能最为强烈。瓦尔特·本雅明关于歌德的文章中的名言，即“只是为了绝望之人，希望才被给予我们”，其背后的意思或许就在这里。

期盼乌托邦

恩斯特·布洛赫喜欢引用这段文字。但他认为，乌托邦需要更加坚实的政治和哲学基础——他试图在毕生投入其中的“更好的生活的梦想”中提供的正是这一点。阐明其内容的尝试促使他研究灵魂转世乃至炼金术等所有问题。但他也为构成地下革命史的失败的起义、被遗忘的实验以及未实现的目标中的乌托邦提供了物质基础。它们都暗示着一个基于平等、公正和自由的世界。布洛赫的著作因此复兴了一个与人类自身一样古老的观念。这些作品未完成的、自由浮动的以及联想的特征，与它们的古典学的博大精深、表现主义的文学风格以及启示性的展望相得益彰。憧憬的幻想结合着对于记忆的批判性运用。从他所处时代回溯至欧洲自由城镇的工人协会、被遗忘的新教革命

64 者如托马斯·闵采尔的神学、自然权利的起源以及最多样的宗教的神圣文本，都是汲取政治解放冲动的源泉。

不可否认，布洛赫提出的主张大多是断言而非论点；他的解释标准有时含混不清；他还经常混淆想象与逻辑之间的界限。但他想要做的是使乌托邦具体明确。最好的生活与总体的每一个在当前异化的要素作抗争。它突出了主体与客体之间的统一性，将世界转变为最多样的个体实践的实验。激励这项宏大事业的目标具体体现在布洛赫三卷本《希望的原理》的结尾之中：

> ……人类无论在何处都依然生活在史前阶段，事实上一切都依然处在世界——一个正确的世界的创建之前。真正的开端不在最初，而在终点，只有当社会和存在变得激进，即抓住它们的根本时，它才开始起步。而历史的根基是改造和整修既定事实的劳动中的、创造中的人。一旦在真正的民主中，他把握了他本身并重建他所拥有的，而没有剥夺和异化，在这个世界中就会产生照进所有人的童年的东西，而这是所有人都未曾到过的地方：家园。

恩斯特·布洛赫在他漫长的一生中都认同这种立场。他的《主体-客体》（1949年）以及《乌托邦精神》（1918年）著名的结语“卡尔·马克思、死亡与末日”，都显示出大体相同的看法。作为德国先锋派的中流砥柱，最终在20世纪30年代支持斯大林主义的特立独行的马克思主义者，布洛赫在二战后成为莱比锡大学的一名教授，1961年柏林墙竖起时迁往西德，随后于蒂宾根大学任教直至离世。一战前，他与卢卡奇曾是挚友。他们一同成

为马克思主义者，他们的事业反映了俄国革命英勇年代的雄心 65
与希望。他们经常一起在咖啡馆参加活动——以致双方的特质在托马斯·曼伟大的战前小说《魔山》中融入了纳夫塔这个具有耶稣会特征的偏狭的独裁主义者之中。20世纪20年代后期，两位朋友在各种美学和哲学问题上背道而驰。然而，直至20世纪30年代以“表现主义争论”而闻名的围绕文学的政治含义的交锋中，他们之间的裂痕才变得公开。

在1924年共产国际对《历史与阶级意识》予以谴责后，卢卡奇与其言归于好。他决定留在组织当中，并坚持着这个决定。他的思想变得更加僵化、更加教条，但无论如何，他也更加重视将资产阶级的革命遗产同共产主义衔接起来。这无疑成为他发起两次大战期间显然最重要的文学争论的动力。

卢卡奇在总体上挑战了欧洲现代主义，在细部挑战了德国表现主义，挑战它们的非理性主义、主观主义和乌托邦主义，以此回应对于反法西斯人民阵线持续高涨的呼声，并试图理解纳粹主义的文化根源。《表现主义的伟大及其衰落》（1934年）以及《紧要关头的现实主义》（1938年）等文章断言，时兴的先锋潮流帮助创立了法西斯主义可以在其中蓬勃发展的文化前提。卢卡奇的方案是一种“批判现实主义”，它或许在巴尔扎克、列夫·托尔斯泰和托马斯·曼的作品中得到绝佳体现。

布洛赫在《论表现主义》（1938年）及其他文章中，对卢卡奇的论证路径提出了不同意见。他反对将文学降格为政治，坚持表现主义事业的人文特质，并强调其对法西斯世界观中占很大成分的文化庸俗化的抨击。布洛赫也为表现主义的乌托邦感受力及其对新人类的展望进行辩护。他从未抛弃他早年 66

的作品。与曾经宣称最坏的社会主义形式也胜过最好的资本主义形式的卢卡奇不同，布洛赫始终认为最坏的社会主义根本不是社会主义。社会主义如果要证明自己名副其实，必须预示最好的生活。乌托邦不能依旧是塞缪尔·巴特勒称为**埃瑞璜**（erewhon）的地方——或倒着拼写的（可以说是）乌有乡（nowhere）。

布洛赫将社会主义看作一项乌托邦计划。它应该作为重组的总体，提供对待人与自然的新方法以及体验文明的丰饶的新机遇。他的观点是末世论的，但绝不能简单地视为信仰或象征。在可以回溯至伊甸园的最基本的人类经验和形象中，都能找到乌托邦期盼。但最好的东西也出现在运动带来的兴奋、对爱的渴望、儿歌、白日梦以及在一件真正的艺术品中体验到的轻松当
67 中。每一项都是我们寻求的世界的朦胧预兆，而人类历史就是

图6　伊甸园或许是最有影响力的乌托邦形象

在生活的多个维度中表达并实现它的一场漫长的斗争。

包括死亡在内的我们全部的失望与恐惧的基础，是救赎的希望和被剥夺的人类自由。在希望的体验和存在所固有的残缺性中，乌托邦获得了本性论基础。批判性思考的任务就是通过强调允许重新解释往事的“期盼意识”，去阐明这些无意识和半意识的渴望。例如，布洛赫的《基督教中的无神论》（1968年）强调共产主义的宗教根源；它影响到在拉美及其他前殖民地世界大受欢迎的解放神学。同时，《自然法与人的尊严》（1961年）坚持认为，对于公平待遇的期盼以及对于独断的制度性权力的约束始终推动着卑微之人的斗争。

乌托邦使我们意识到，我们所拥有的未必就是我们想要的，我们想要的也不一定都是我们能够拥有的。根据布洛赫的看法，当启蒙运动的思想将理性的降为真实的而依然无视魔幻、疯癫、童年幻想等同类事物中埋藏的未实现的乌托邦元素时，它便向批判敞开了大门。人们可以认为，他使这些心智状态具有了浪漫色彩，过分认同那些对它们称颂有加之人并过高估计了它们对于乌托邦哲学的重要性。但布洛赫的事业之中的批判成分是阐明**非理性的理性**的一种尝试——这一尝试完全处在批判理论的传统之中。这不仅对于领悟魔幻和神秘主义非常重要，而且对于理解根植于种族主义及将直觉和非理性置于首位的其他意识形态之中的“虚假的乌托邦”，都具有重要意义。

布洛赫始终认为，未来不是某种机械的关于当下的周密计划。它并不产生于通过毁灭过去而通向未来的一连串步骤或 68
阶段。但与此同时，乌托邦也不应被视为一种与现实的骤然断裂。相反，通过辩证的方式，乌托邦构成一种特殊的重建的过去，它使人们意识到存在着的却尚未被意识到的东西。由此，每一个故事都有待解释，而解释有待重新解释。存在总是未完成的——其终点总是看得见的“尚未”。不存在绝对的拯救或救赎。没有审判日。随着人类反省它所忽视的，最好的生活的梦想不断重新闪耀着微光。

来自地球每个角落的工艺品以及以往未被注意的珍宝表明，最好的生活的梦想是不完整的。布洛赫的目光从琐罗亚斯德和孔子，转向虚构的谢赫拉莎德的传奇故事和16世纪诺查丹玛斯的预言，直至浪漫主义、马克思主义以及现代主义。对时间、死亡、仁慈以及最变化多端的情感的不同理解，在布洛赫所谓的“乌托邦实验室”中散发出生命力。包容和开阔的思维对于它的运转必不可少。格外遗憾而且讽刺的是，布洛赫本该在1938年那篇声名狼藉的题为《叛徒的庆典》的论文中[1]，为约瑟夫·斯大林编导的作秀审判进行辩护。其他任何思想家都未曾提出如此丰富、多变、新颖并孕育着可能性的乌托邦设想。改变总体的每一个部分有了希望。但总体不只是其各部分的总和，实现某一部分的预期潜力的尝试将不可避免地影响到另一部分。布洛赫所谓的“世界实验”无法被完全兑现：乌托邦必定一直是乌托邦式的。

生存和解

赫伯特·马尔库塞同意这一点。但他对待乌托邦的方式迥然有别。他的《爱欲与文明》（1955年）是阐述自古以来被压抑

---

① 原文有误，布洛赫的这篇文章发表于1937年。——译注

的解放欲望、希望以及想象的一种尝试。马尔库塞在其学术生 69
涯伊始便对席勒产生兴趣。他那一代年轻激进人士对于他的接纳远远超过歌德或18世纪其他魏玛文人。在奥斯威辛和古拉格之后，连同一场新冷战之中核毁灭的可能性，马尔库塞发现需要一种新观点来开展批判。美丽幻象、游戏冲动以及持续幸福的观念，为在人类学上同现实原则及其资本主义变体——施行原则分道扬镳提供了恰当的基础。

弗洛伊德将这些术语同延迟满足快乐以及压抑停留在无意识中的本能性欲联系起来。要在匮乏的世界中生存下来，这一切都被认为是必需的。然而，马尔库塞认为，匮乏的现代世界在人为地维持着。发达工业社会结构强加着某种“额外压抑”以确保其延续。

帝国主义、军国主义、经济剥削、父权家庭结构、宗教教条主义以及消费主义催生的虚假需求都导致了它的非理性。只有某种原始的罪恶感同其价值观和机制保持着联系。人们寻求并利用惩罚来平息解放的渴望以及典型的反抗思想，它们来自对原始父亲强加的不平等分工和满足感做出反抗的子女。这些反抗和模糊的解放梦想太过可怕以至于不忍回想，它们笼罩在雾霭之中，必须予以清除。人们因文化产业而麻木，丧失了选择余地，缺乏反思性，陷入快节奏但最终毫无意义的生存漩涡之中，因此对他们的历史失去了控制。

在压抑助长非理性愤恨和暴力的情况下，相比于毁灭，社
会和政治活动对解放的关注越来越少。但这仅仅进一步强化了 70
乌托邦期盼以及罪行和随之而来的对新的惩罚的需求，这些惩罚立足于越发具有操纵性且不必要的延迟满足方法。物质进步

因此建立在心理退化的基础上。生活在发达工业社会中的个人无法处置他们的罪行，持续不断地重复着施行原则的压抑性价值观。

乌托邦是对这一切的否定。它呈现出创造性活动的升华形式，将主、客体结合起来，并将力比多从所有束缚中解放出来。人类在乌托邦中从心理上得到改造。匮乏得以克服，个人不再以工具的方式看待彼此。人被置于利润之先，工作变成游戏，几乎在生理上被残暴、剥削和暴力击垮的感性呈现出新的形式。这还不是全部。时间不再被认为是线性的，而是遵循自然被视为内部循环过程，类似于尼采所谓的“永恒轮回”。意识到生命的延展不是死亡，持久的幸福因此最终在理论上成为可能。《论解放》成为马尔库塞描绘乌托邦生存的载体，在那里：

> 技术到那时将趋向于艺术，艺术往往会成为现实：想象与理性、更高能力与较低能力、诗学思想与科学思想之间将不再敌对。新的现实原则应运而生：在这一原则之下，新的感性与去崇高化的科学心智将共同创造一种审美精神。

《爱欲与文明》尤其招致铺天盖地的批评。但它始终是充满想象力的杰作。这部作品将弗洛伊德在《文明及其不满》（1930年）以及他的其他元心理学思考中极度悲观的看法，改造为激进
71 的乌托邦设想的基础。马尔库塞坚定重建本能的愿望，决心以最为引人注目的方式挑战异化问题，为集中营世界中人性的狂虐扭曲提供了解放的对照。他坚持认为，只有“生存和解”这种没有死亡恐惧的持久的幸福体验才能使爱神伊洛斯战胜死神塔

纳托斯。应对这个表面进步、实则野蛮的世界，乌托邦是唯一可行的立足点。

《爱欲与文明》出版之时，西方世界的思想生活在法国由让-保罗·萨特和存在主义者主导，在德国由君特·格拉斯和“四七社”把持，在美国由垮掉派主宰。马尔库塞另辟蹊径。他的视角对他们的悲观主义提出质疑，随后向青年发出挑战，要求他们开拓思路，接受一种新的道德理想主义。马尔库塞不是傻瓜。他知道他的乌托邦建立在矛盾的基础之上，这种矛盾阻碍着它的实现：只有已经获得解放的个人才能带来解放的社会。他也明白他的设想在本质上是理论性的，也正因如此才是批判性的。但一些人认为，他的观点对批判理论的理性基础构成了威胁。

于尔根·哈贝马斯的《作为“意识形态”的科学技术》（1968年）对马尔库塞发出了猛烈的抨击，并且提供了截然不同的观点。他声称技术具有本体论结构，在没有阐明验证真理主张的标准的情况下讨论新科学是无效的。然而相反的观点指出，这样的批判是表面的，而不是内在的。它们都没有论及问题所在。真正的问题在于《爱欲与文明》是否提供了一种控诉现实的适当的理想标准。或者更坦率地说，它的乌托邦设想有多真诚，它的含义有多激进？

埃里希·弗洛姆正是带着对这些问题的思考对马尔库塞进
行了批判。他的观点体现在《精神分析的危机》（1970年）和 72
《修正精神分析》（1992年）收录的各种文章当中。通过强调社会条件在性格形成中的首要位置，弗洛姆在20世纪30年代已经对弗洛伊德的元心理学主张和本能论提出疑问。这使他与社会研究所的核心集体疏远了，并导致他在1939年正式与其决裂。

于弗洛姆而言，心理学或元心理学的任何哲学基础只在其同临床实践相联系的情况下才是有用的。没有与真实个体的真实经验相联系，这样的元心理学必然依托武断的概念操纵，而忽略掉有关缓解个人痛苦的问题。弗洛姆指出了马尔库塞犯下的各种技术错误。

比如，弗洛伊德从青春期前性欲的角度定义多形态性欲，这样一来，所谓的乌托邦式的对它的实现的渴望（马尔库塞声称）实际上就是建立在婴儿期幻想的基础上的。弗洛姆由此认为《爱欲与文明》提出的乌托邦概念实际上掩盖了退化并且抹杀了自我。然而，即使情况并非如此，批判理论依然应该强调治疗尝试对于促进资本主义社会中个体的成熟、独立以及理性具有首要作用。任何其他观点，无论其乌托邦主张如何，都割裂了理论与实践，使理论主张与经验验证相分离——由此背离了批判事业的最初设想和理性特征。

核心集体中以前的伙伴们对这一切都很重视。他们认为，弗洛姆对于元心理学的抨击构成了对弗洛伊德激进遗产的修正。它扬言要抹杀对文明进行人类学批判的合理性，这种批判曾给《启蒙辩证法》以启迪。弗洛姆的观点在西奥多·阿多诺的《社会科学与精神分析的社会学倾向》（1946年）中遭到激烈批
73 判。马尔库塞也以对于弗洛伊德“修正主义”的批判进行反击，这一批判首先出现在《异议》（1956年）当中，最后作为了《爱欲与文明》的附录。这里涉及一些重要问题，触及批判理论的性质及其应该采取的方向。

如果弗洛姆是正确的，那么批判理论必须再次将自身视为一种实践理论——尽管是以新的方式并且在新的条件之下。它

应该为应对剥削和压迫提供实用观念，并且更强烈地依托于有关人文主义和启蒙的道德传统。相形之下，接受元心理学肯定了条件错误的本体论。只有否定辩证法以及脱离了人类学的视角方能保存反抗的可能性和激进的自由理念。理论胜过了实践。优先以临床治疗改善个体心理困境，成为对现状的一种妥协以及对压迫的适应。阿多诺在《最低限度的道德》中就这一问题尖锐地指出："谬误的人生中不存在正确的生活。"[①]不过，也可能，谬误的人生大概或多或少是错误的，而过这样的人生可以或多或少过得正确。

缺失了什么？

法兰克福学派提供的对于最好的生活的理解，与托马斯·莫尔的《乌托邦》（1516年）或爱德华·贝拉米的美国畅销书《回顾》（1887年）中给出的那些截然不同。这些乌托邦文学经典融合了它们试图驳斥的关于世界的标准假设，如奴隶制或技术进步。设想与现实原则进行人类学上的甚或真正激进的决裂的作品难得一见。这种观念中固有的危险事实上构成了诸如尤金·扎米亚金的《我们》（1921年）、阿道司·赫胥黎的《美丽新世界》（1932年）或乔治·奥威尔的《动物农场》（1945年）和《1984》（1949年）等反乌托邦作品的基本主题。它们都对共产主义中的极权主义和技术进步进行了犀利的批判。它们也都提 74
出要警惕道德放纵和持续幸福的观念。乌托邦——或者更确切地说是实现乌托邦的梦想——被它们当作具有一系列特殊危险

① 译文引自方维规：《西尔伯曼与阿多诺的文学社会学之争——兼论文学社会学的定位》，载《社会科学研究》2014年第2期，第184页。

的诱人的麻醉剂。

或许那就是它应该有的样子。将乌托邦变为现实的尝试早在共产主义和法西斯主义进入历史舞台前很久即产生了血腥的结果。末日救赎的观念将和解排除在外。乌托邦始终带着来自预言的自以为是——多半还有对暴力的颂扬。乌托邦主义者习惯上以他们设想中确保实现的解放目标，为他们采取的可怕方式作辩护。人们有充分的理由嘲笑乌托邦非理性且抽象、模糊且不确定，而且忽视了人性。

但是对于最好的生活的梦想是人类的一个永恒主题。乌托邦或许是哲学词汇中最被低估的概念。它还具有独特的现实意义。每种大众意识形态都有乌托邦成分。伟大的运动从来不是被激发的，而障碍的形成也从不单纯出于实际原因。“人不只靠面包活着，”布洛赫写道，“尤其是当他没有面包的时候。”乌托邦具有存在主义成分，它是不计其数的个人业已证明愿意为之献身的理想。

理论家们应该一向警惕将乌托邦描绘得过于真实。概貌总会有润色和修改的空间。这种概貌仅仅为永远的半成品提供大致轮廓。乌托邦归根结底是一种规范性理想：它使我们感受到文明既已取得的成就如此之少，也提供了未来可能达成的结果的预期路径。乌托邦激发了革命。但它也激励了艰辛、单调并且时而危险的改革努力。即使是改善个体生活的治疗尝试也提到了有关如何生活的观念和理想。乌托邦不一定使政治行动者
75 忽视社会现实和道德约束。这种概貌可以澄清伴随着推进最好的生活而产生的多方面问题。它也可以表明人性依然是正在进行的工作。乌托邦从未有意想抹杀个体。不如认为它将“多样

性的统一”置于首位，并且孕育着更为丰富和复杂的个性形式。

最好的生活逃脱了形象的捕捉、描绘的限制或沦为哲学范畴。这就是它的力量所在。乌托邦揭示出现实如何存在于T. W. 阿多诺所谓的“邪恶咒语”之下——对即时满足的迷恋侵蚀着批判性的想象。或许乌托邦只存在于当一个人如同儿童图书中的英雄小公牛费迪南德，不受贫困和压迫，躺在草地上仰望天空之时，又或者只存在于一旦经历便转瞬即逝的须臾片刻之间。而那时，乌托邦没有建立在一种渴望或一种欲求的基础之上——哪怕是渴望不道德[①]或欲求持久幸福和终极意义。布莱希特的乌托邦剧作《马哈哥尼》（1929年）中真正颠覆性的理念是“缺少了某些东西”——不过有些东西一直是缺失的。 76

① 此处原文immorality似应为immortality，即渴望“不朽”。——译注

第六章

幸福意识

黑格尔相信，进步最终是由与大多数人步调不一的人推进的。只有这个人，真正特立独行之人，实际上体验到对于自由的约束。只有这个人有条件质疑关于幸福的普遍理解。事实上，对于黑格尔来说，“苦痛意识”才是进步之源。于法兰克福学派而言，也是如此。其成员对现代生活和文化产业多有批判。但发达工业社会为苦痛意识带来的危险或许最说明问题。岌岌可危的乃是主体性和自主性的实质，即个体抵抗试图决定生命意义与经历的外部力量的意愿和能力。

马克斯·霍克海默向利奥·洛文塔尔写道，大众文化正在欺骗个人远离他本人的时间经验，亨利·柏格森称其为**绵延**（*durée*）。马尔库塞担心人们不再具有充当主体的能力，他们被操纵着认为有些事情取决于自己的选择。霍克海默和阿多诺在《启蒙辩证法》中表达了随后成为核心集体普遍态度的内容：

> 晚期资本主义时期的生活就是持续的成年礼。每个人

都必须证明，他完全认同管教他的权力。这也出现在爵士 77
乐的切分音原则之中，它在嘲弄跌跌绊绊的同时，又将它作为准则。无论这个制度想要哪种样子，对于那些必须就范的人们，收音机里传来的低吟歌手的柔弱嗓音，穿着晚礼服落入泳池的女主人的殷勤追求者，就是他们的榜样。每个人都可以像这个无所不能的社会一样；每个人都可以是幸福的，只要他完全屈服并牺牲他对幸福的要求。[①]

图7　幸福意识的典型特征是盲从和缺乏个性

① 译文参考［德国］马克斯·霍克海默、西奥多·安道尔诺：《启蒙辩证法——哲学断片》，渠敬东、曹卫东译，上海人民出版社2006年版，第139页。

格奥尔格·冯·卢卡奇——当时还在使用贵族称谓——作
78 为青年反叛者以其他青年反叛者为写作对象，他陷于厌恶旧文化和渴望新文化之间，在《心灵与形式》（1911年）中为批评家设想了具有改造能力的角色。其中的文学和哲学文章振聋发聩、复杂深奥，而且明显打破了传统。卢卡奇认为，艺术使个人反抗社会成为可能，不仅仅通过挑战大众品味和观念，而且通过以其寓言性和象征性强化体验。

为了引出这些特性，批判性解释也许是必要的。然而反过来，这样的哲学审问将产生其他解释。文学批评以及艺术创作中的哲学实践因此按照定义都是未完成的。它们始终有待新时期新受众的重新解释。这是由于创造性活动的产物隐藏着等待发现进而恢复的秘密。批评文章不亚于艺术品，通过其形式可以引出被压抑的灵魂体验。哲学与美学、思考与体验之间的界限开始消解。艺术家此时在卢卡奇关于这一术语全新的并且更为宽泛的定义中看起来是个“成问题的人”。这个新定义的代言人不是政治革命者，而是带有不拘传统倾向的博学的文化激进人士，比如尼采：这位代言人预言了充满活力的主体性、新兴文化以及经过改造的现实。

文化产业如何运行

法兰克福学派认为，反对大众社会意味着反对大众文化。其核心集体采取了知识分子局外人的立场。他们知道大众传媒倾向于支持右翼力量的事业。而他们也清楚，文化产业也可以产生表面上倾向于进步的作品。大众传媒已然经常痛斥资本主义、不容异己和权力精英。然而，即使如此，它似乎还是会对经验加以规范，并破坏批判性思考。按照法兰克福学派的看法，文化产业正是凭借自身的特征整合了所有对手。其大众性的直接作用就是作品的无能为力。所有作品都不能幸免：瓦西里·康 79
定斯基的抽象画不能，阿诺尔德·勋伯格严谨的知性音乐也不能。

这里涉及一种动力：古典音乐曾经作为电影（如查理·卓别林和弗里兹·朗的电影）背景，而如今时常作为商业广告的衬托。与此同时，反传统的先锋派进入了博物馆。其作品此时也可以得到心怀善意的自由之人平静的凝视。有时，文化产业呈现的东西会使文化庸人感到一丝不适。但这种大惊小怪毫无意义。艺术作品的批判潜力或乌托邦潜力已然丧失。它已经沦为自由丰裕社会中另一种形式的自由表达，仅此而已。

法兰克福学派相信，文化产业是全面管制社会的一项本质特征。马克思主义者始终视文化为统治阶层的支柱，路易·阿尔都塞随后写到一种“意识形态国家机器”。但法兰克福学派从另一个方向进行着这项讨论。核心集体就大众文化的特征提出的看法，其对文化标准进行的持续攻击，涉及整合最初由保守派提出的忧思。

18世纪时，埃德蒙·伯克就已为正在被扯碎的“生活的精美帷幔”而忧虑，他在19和20世纪的那些不甚博学却更为激进的追随者们同古斯塔夫·勒庞一道，坚持认为“民众成为至高权力，野蛮风气甚嚣尘上”[①]。精英们时常要求警惕何塞·奥特加·伊·加塞特所谓的“大众人”及其对公共生活的参与。这一

① 译文参考［法国］古斯塔夫·勒庞：《乌合之众：大众心理研究》，冯克利译，中央编译出版社2004年版，第176页。

切使得有必要突出批判理论与真正的保守派对大众文化的各种抨击之间的区别。

霍克海默、阿多诺、本雅明和马尔库塞并没有过分担忧传统
80 和文化权威受到的威胁。他们更接近尼采这位文化革命者而非政治保守派，后者谴责维多利亚时代的衰败及其清教徒式的顺从和虚伪以及失效的唯物主义和无用的理性主义。对于法兰克福学派而言，这仍是“更高精神”因“群氓”无法从知性上驾驭其“权力意志”而注定被误解或败坏的问题。

如果一切都是不真实的，如果没有办法在政治上影响社会，那么文化批判便成为唯一的反抗源泉。指挥棒从黑格尔和马克思转移到尼采手上，具有贵族气息的激进主义使他作为高雅艺术的典范对抗其市井对手，并作为现代主义的代表抗衡文化庸人。他是一位世界主义者，反对庸俗的反犹主义，反犹主义的拥护者如作曲家理查德·瓦格纳时常将他的偏见掩藏在“民族主义”的外衣之下。但尼采也怀疑所谓的道德和科学的普遍基础。他对人民大众或体现在进步群众运动中的民主精神鲜有同情。尼采对于他眼中社会渐增的平庸心怀厌恶，他敏锐地意识到日渐加深的文化痼疾并凭直觉知道末日，由此支持实验方法、个性以及看待现实的“透视的”视角。

《启蒙辩证法》讨论了这些主题，但两位作者关于文化产业的看法已经显示在早期作品当中。阿多诺的《论音乐的拜物特征与倾听的退步》（1938年）指出，文化产业的产品并不是只不过在后来被包装成商品的艺术作品，相反，它们从一开始就被视为商品。霍克海默紧随其后，在《艺术与大众文化》（1941年）中，以支持高雅艺术抗衡大众娱乐。

他们都认为，只有技术上最为复杂的作品才能推动对于下降的文化标准和瞬息万变的风尚的反思和反抗。问题不在于政 81
治内容，而在于它得到表达的形式——媒介即讯息。阿多诺在《最低限度的道德》中就此直率地写道："衡量一种思想的价值要依据它同熟知思想的延续之间的距离。它的价值客观上随着这一距离的缩短而降低。"

法兰克福学派就其关于公共生活的看法而言是精英主义者。但其成员在倾向上无疑是现代主义的。他们对过去的某个黄金时代不抱有浪漫幻想，也不关注当权者的存在主义焦虑。他们致力于挑战文化产业，原因在于它正在使经验标准化并由此致使常人越来越乐于接受传统和权威。与过去的非传统的和浪漫的看法相一致，法兰克福学派认为物质丰裕将导致精神枯竭。幸福意识遭到谴责，因为它是空洞乏味的。赫伯特·马尔库塞坚称，文化产业是关闭政治世界的同谋。

个人的沉寂和政治生活的关闭被视为资本主义、官僚国家和大众媒体的功用所在。于尔根·哈贝马斯在其富有开拓性的首部作品《公共领域的结构转型》（1961年）中，对此进行了分析。它的德文副标题是"资产阶级社会的一个范畴"。阿多诺的两名年轻学生亚历山大·克鲁格和奥斯卡·内格特随后以他们关于其"无产阶级"对手的研究，为这项计划进行了补充。但是，将公共领域引入社会学词汇的是哈贝马斯。

他将这一领域视为组织化的国家政治机构与市民社会的经济力量之间的中介。公共领域包括能够促进公共辩论的所有
活动和组织。范围从新闻自由到城镇会议、从家庭到沙龙、从教 82
育制度到廉价的书籍生产。公共领域或许起源于中世纪自由城

市，在启蒙运动和1688—1789年的民主革命期间获得发展。这就是公开审议本身成为一种价值、屈辱的民众运用其常识以及个人行使其公民权利的背景。公众舆论是赋权的基础：在政权依然摇摆于君主制和共和制之间时，它往往保护个人免遭专断强权的侵害。

所有争取政治民主和物质平等的重要运动——从19世纪社会民主主义工人运动到20世纪60年代的女性解放运动——都产生了充满活力的公共领域。甚至可以公平地讲，一场运动的性质和能量可以从其公共领域的活力中获得。

然而，说到向大众赋权，一旦公众舆论同宣传联系起来，问题也随之而生。随着大众媒体获得主导地位，民众斗争便开始将权力让予同官僚制福利国家有关的组织和专家。新的文化机器日益重视共识并收缩辩论范围。哈贝马斯在他的全部研究生涯中始终专注于民主意志的形成所扮演的角色。他最初支持20世纪60年代的学生运动是有原因的。他也持续相信，一个经过改造的公民社会或许还能抗衡工具理性不断提升的主导地位：《合法化危机》（1975年）一直是他最为重要（即便受到忽视）的著作之一。但哈贝马斯对解放话语和政治参与的首要性的重视，并不是核心集体多数成员的共识。在他们看来，“只有商业创造的词汇”占据着主导地位，尝试大众启蒙只会导致大众
83 欺骗。

物化持续保持着对公共生活的控制。不只如此——虚假条件的本体论危及主体性以及个人做出道德判断的能力。对幸福意识的力量进行反抗因此转变为道德要务。至少法兰克福学派是这么认为的。问题仅仅在于这样的反抗意味着并且会带来什

么。如果全面管制的社会是真正全面的，能够整合并驯化所有批判行为，那么政治行动的前景便是晦暗的。作为政治实践的反抗就是一项毫无价值的事业。否定是唯一可行的选择，否定辩证法必须对批判事业做出界定。相形之下，如果有组织行动能被证明是有效的，那么这个体系就不是全面管制的，由于存在有意义的备选办法（就政策和计划来说），也就需要不同的批判方法。将全面管制的社会视为一种固有趋势无助于解决问题：否定辩证法和实践理论是相互排斥的选择。

包容与公共生活

讽刺的是，伴随社会研究所于1947年迁回德国，它的核心集体转而成为真正的公共知识分子。马克斯·霍克海默成为法兰克福大学校长。怀着对共产主义和催生纳粹主义的社会分裂的担忧，他既支持越战，也成为学生运动的坚定批判者。与此同时，赫伯特·马尔库塞和埃里希·弗洛姆在20世纪60年代和70年代成为知识界的超级巨星。他们都认同新左派，并且公开支持涉及社会正义、反帝国主义、人权、废除核武器以及限制军工联合体的运动。

至于于尔根·哈贝马斯，他关于当代政治问题的文章被众多书籍收录。作为教育改革和新左派的早期支持者，尽管尖锐 84
地批评其过激行为，哈贝马斯还是始终赞赏其投身激进民主和社会正义。即使T. W. 阿多诺也成为公众人物。众所周知，他猛烈地批判时常以他本人的激进学生们为代表的新左派，为力图澄清他的观点接受了许多电台采访并写出通俗文章。他甚至在《地上的繁星》（1953年）中对占星术进行了尖刻的分析。

如果说法兰克福学派介入了公共领域，当然有理由问这是否说明开放社会并不存在。包容显然拓展至对全面管制社会的批判。这种情况可能会引发概念混乱。赫伯特·马尔库塞在随后的论文《压迫性宽容》（1965年，或许是他最声名狼藉的一篇）中试图探讨这个问题。在这一作品中，他坚称古典自由主义宽容概念已经失去了它的激进特征。

一旦与对宗教偏见和政治权威的批判，与实验以及与做出判断联系起来，宽容便成为维持现状的堡垒。马尔库塞的论证又一次依托于媒介即讯息这一观念。就文化产业在公共论坛中围绕任何问题提出的所有立场而言，它们最终看起来都具有相同的价值。文化产业所表现出来的宽容因此导致所有真理主张成为相对性的——或者更确切地说，接受它们变成了品味问题。这时，不仅美，而且**真理**也取决于观察者的眼光。发生在艺术上的问题也发生在话语上。两者都从属于商品形态，由此质的差异转变为单纯的数量差异。在考察帝国主义与战争或对于福利国家和神创论的抨击时，某一种态度与其他态度并无高下之分。
85 大众媒体使得反抗不比支持更为合理。

压迫性宽容乃是真实的现象。福克斯新闻就是这一概念的生动体现，但它并没有减轻马尔库塞文章的相关问题。首先，宣称宽容丧失了激进的棱角与声称宽容具有压迫性是有区别的。政治重点也放错了地方。真正的问题从不是压迫性宽容，而是**对宽容的压迫**。审查制度依然盛行，而且从历史上看，当公民自由在发达工业社会受到限制时，左派总是遭受最沉重的苦难。

对于评判审查对象的标准、建立审查机制所需要的官僚机构或者这一官僚机构发展的可能性，马尔库塞的文章鲜有涉及。

它也忽略了文化产业如何时常抨击不宽容以及反动的价值观：《全家福》及其主角阿尔奇·邦克开创了一股潮流。电视情景喜剧如《考斯比秀》和《美好时光》或《威尔和格蕾丝》和《艾伦》或许没有批判性地描绘被压迫群体和被污蔑群体的“真实生活”。但它们在为之服务的更广泛的道德和政治议程上是进步的。讨论次级群体所取得的成果的整合，或者讨论它们如何强化了体制，只是在回避问题的实质：这些成果是否受到驯化，或者体制本身是否被迫做出适应和改变？

马尔库塞的《单向度的人》突显了将技术转向克服匮乏和安抚生存带来的可能性。然而，发达工业社会依然建立在资产阶级（购买劳动力并控制生产资料）和工人阶级（出卖劳动力并处于同生产资料的异化关系中）利益的结构性矛盾之上。但这一客观矛盾并没有在主观上得到这样的认识。由于共产主义真正的不足之处、西方资本主义的表面富足以及——也许最重要的——文化产业，工人阶级一方缺乏政治觉悟。 86

马尔库塞在美国推广了这一概念。事实上，如同法兰克福学派的其他成员，他深切地关注文化产业如何预制经验并使批判思考失去效用。他的观点显然建立在《启蒙辩证法》的基础之上。那些应该将性冲动和赋予生命的冲动在美学上升华为艺术的东西，反而被文化产业改变为进行自我调整以适应商业逻辑的作品。“压抑性的去崇高化”耗尽了它的解放和批判潜力。个人只得依靠他们自身的资源。孤独和异化导致对文化产业的愈加依赖，也参与着幸福意识。流行艺术在削弱发挥乌托邦想象的心理能力的同时，强化了这一系统。一件艺术品的流行带来的是它的垂死挣扎。

但是，一件作品的流行是否必然会导致其批判性或艺术激进主义的丧失？表面上接连不断的毫无缘由的反叛印证了阿多诺提出的“叛逆的顺从”，肤浅的犬儒主义以及对于假想阴谋的伪英雄主义斗争体现出保罗·皮可尼——将批判理论带到美国的《终极目标》杂志机敏的主编——所称的“人为的否定性”。

不过，查理·卓别林、鲍勃·迪伦、弗朗西斯·福特·科波拉等艺术大师当然并非如此。只有根据通常定义否认他们的艺术地位，指责他们作品的艺术价值才是可能的。而这就是霍克海默、阿多诺乃至马尔库塞——尽管有些变化——的看法。这是唯一符合《启蒙辩证法》和《单向度的人》中物化观点的立场。

法兰克福学派提供了解释，确定了标准，也引入了勉强的理由。但最终，没有一位流行艺术家得到过法兰克福学派的支持。
87 多数成员完全不喜欢大众文化。他们对此并不上心，也对其成就不感兴趣。阿多诺在《最低限度的道德》中指出：“尽管满怀警觉，每次去看电影都会使我更愚蠢、更糟糕。”他随后会修正这一说法。但同样笼统的判断、同样宽泛的指责，也出现在他众所周知的文章《论爵士乐》（1936年）之中。阿多诺从未澄清他所谓的“爵士乐”是何含义。但是，它是指特定的类型还是一般而言的流行音乐是无关紧要的。他的文章无助于理解具有自身标准的传统究竟是什么。文章对爵士乐的现场体验鲜有讨论，较少论及其同蓝调的关系，更少讨论其源起或其对于种族主义和贫困所主宰的生活的再现。《论爵士乐》满足于指出由所谓虚幻的即兴作品引起的心理退化和个性丧失，以及由如今（非常有趣）甚至不如古典音乐受欢迎的大众现象所导致的简单化的切分音。

《论爵士乐》呈现出一种强烈的文化悲观主义。它基于一般性的主张，没有涉及艺术家或艺术作品之间的区别。也没有进行比较，比如路易斯·阿姆斯特朗与保罗·怀特曼，或杜克·埃林顿与其效仿者。由一批优秀女歌手诠释并再诠释的伟大歌曲也只字未提。

在这个意义上，阿多诺的论文事实上反映出装点了《启蒙辩证法》的全面管制社会的无差别形象。由贝西·史密斯、埃塞尔·沃特斯和比莉·霍利迪演唱的那些歌曲的歌词显然不会唤起真正的反抗。然而，反抗应该具有的含意依然如同以往一样含混不清。同样的情况也适用于政治。甚至马尔库塞也承认了这一点，他在《单向度的人》中写道："社会批判理论并不拥有能弥合现在与未来之间裂缝的概念；不作任何许诺，不显示任何成功，它只是否定。因此，它想忠实于那些毫无希望地已经献身和正在献身于大拒绝的人们。"[①] 88

① 译文引自［美国］赫伯特·马尔库塞：《单向度的人：发达工业社会意识形态研究》，张峰等译，重庆出版社1993年版，第216页。

第七章

大拒绝

批判理论是20世纪60年代欧洲学生运动的重要思想动力。然而在美国，批判理论绝大多数影响深远的作品直到20世纪70年代才得到翻译。当时《终极目标》和《新德国评论》等杂志开始拥有读者，也开始宣传其最重要的代表人物。关于异化、支配自然、倒退、乌托邦以及文化产业的复杂观点使批判理论更贴近年轻知识分子，他们在动荡的年代走向成年，正视图理解身边在发生什么。但青年的反叛和团结借助了文化产业。这使其激进特征更为真实。即使在奥斯威辛集中营之后，艺术也并不是一项失败的事业，这一点很快便显而易见了。文化与幸福意识的联系从来没有——或者还没有——像某些人也许愿意相信的那样绝对。

新感性

20世纪60年代，激进人士依然在马克思主义语境下理解批判理论。赫伯特·马尔库塞坚持认为，改变发达工业社会需要工

人阶级采取行动。但他感到，工人阶级的观念已经受到文化产
业、经济收益以及政治权威的操控。革命意识只可能在其阶层 89
之外产生。妇女、有色人种、体制边缘的反帝国主义运动、知识
分子以及不循规蹈矩之人可能为工人阶级提供的不只有革命火
花，而且有更难以捉摸的东西：新感性。这些新的革命催化剂体
现出安德烈·布勒东最初提出的“大拒绝”。

这里，批判理论又一次显示出它同现代主义的联系，布勒东是欧洲先锋派的传奇人物和超现实主义的指路明灯。他呼吁反抗日常生活的固定习惯，要求无产阶级对国家采取直接行动。但布勒东首先支持一种拒绝熟知、一致和传统的艺术形式。他的美学致力于抨击叙事性的和线性的理性。

本雅明和阿多诺在20世纪30年代都已对超现实主义着迷。他们也都认同蒙太奇、意识流、顿悟以及无意识的解放。尤其本雅明认为超现实主义唤起了一种“革命陶醉”，它的敌人是资产阶级社会的日常生活。大拒绝被马尔库塞理解为应对发达工业社会的残酷、剥削和非人道价值观的鼓舞人心的反抗。

作为他最受欢迎的作品之一，《论解放》认为大拒绝产生了
乌托邦感性。声称青年反叛者体现出了这一点，无疑是夸大其
词。边缘群体也许从来不是那么边缘。或许更好的说法是新的
社会运动迅速发展——部分由于劳动力市场的紧张——剥夺了
他们的革命和乌托邦矫饰。他们最大的成就是通过法院和政治
立法实现的。但过于犬儒是很容易的。战争和“军工联合体”遭 90
到的反感随处可见。人们对公开透明和民主问责提出激进的要
求。林登·约翰逊总统以“伟大社会”计划回应来自基层社区组
织和新社会运动的压力。在南方为民权而战的“自由乘客”是

局外人。在欧洲和拉美，鲁迪·杜契克和丹尼·科恩-本迪特等激进知识分子的追随者点燃了以工人自治（autogestion）民主理想为标志的1968年大规模罢工浪潮，这一理想又回到了工人协会和巴黎公社。

环境主义、动物权益以及对大男子主义的抨击都是新感性的产物。激进的教育改革结合了文化现代主义者对改造日常生活的要求。性观念和种族关系发生了变化。生活品质作为一个基本问题浮现出来——而且审美观念无疑也发生了改变。新左派表现出对于主体性的高度认同。有色人种、妇女、同性恋和知识分子都试图去理解世界，并衡量自身存在的意义，进而为自身设定目标。新左派运动是将文化转型置于首位的第一波群众运动。正是这一点导致它贴近批判理论和法兰克福学派。

20世纪80年代连同“9·11”之后美国保守派对敌对文化进行的抨击，带来了以民族主义、军国主义和帝国主义为名义的对福利国家和公民自由的全面抨击。马尔库塞在《反革命与造反》（1972年）中预见到了类似情况。他预测到保守派试图破坏与新感性相关联的政治利益和理想。他本人的感性与其说发生了变化，不如说是重点发生了转移。他在最后一部获得出版的作
91 品《审美之维》（1978年）中指出，其“受之于西奥多·W.阿多诺美学理论的恩惠无须任何特别的感谢了”。希望一息尚存——但它正在消退。明显具有政治性的现代主义艺术（如布莱希特的艺术）中体现的大拒绝此时退出了舞台。美学此时应当肯定的不是一场运动的意识，也不是某种新形式的历史主体，而是真正的个人，他们的生存被一些比1968年运动的反叛者所想象的

更为强大的力量置于危险境地。

自始至终，乌托邦与其说是既已实现的成果，不如说是对超越的渴望。尤其在文化产业界定公共生活的地方，在概念持续被简化而理想变为陈词滥调的地方，培养这种渴望或许就其本身而言具有了价值。这当然是马克斯·霍克海默在晚年逐渐相信的。他也清楚，个人经验很容易被操控，对超越的寻求之中也并非理所当然地具有批判冲动。既然有毒品、传道者、狂热崇拜，那么也总是会有救赎和幸福的承诺。文化产业靠着幸福蓬勃发展。这种幸福是标准化的，并且被预先包装好。但真正的幸福是向悲惨的现实做出抗争。它只讨论特定个体的经验，如宗教的恩典观念。

在《自我与自由运动》（1936年）中，霍克海默坚称无条件的幸福不可能存在——只可能存在对它的渴望。这种渴望拒绝了商品形态和工具理性将定性的转变为定量的以及将神圣的转变为世俗的所有尝试。我们每一个人对于不朽、美、超越、救赎、上帝——或霍克海默最终提出的“对全然的他者的渴望”都有本能欲望。他不作任何承诺，不描绘任何仪式，也不提供任何教派。但这种渴望为反抗全面管制的社会并肯定个性提供了基础。对于全然的他者的渴望完全不同于有组织的宗教。然而，92
它对否定的依赖结合了它对天堂的希望以及在经验上肯定自性的能力。

恩斯特·布洛赫曾经提出，真理是一种祈祷。而无法表达的东西也许最好以音乐来表达。它提供了同我们内心深处的邂逅。同样，在经典的《新音乐哲学》（1958年）中，当阿多诺坚称暗示“某个人的回归”是“所有音乐都可以表达的，即便是在一个理应衰亡的世界”时，他显然指的是拯救。所有这一切都倾向于以一种方式将否定和乌托邦与存在经验联系起来。剥去所有的决心和调和，宗教、艺术和哲学可以引出（尽管没有定义）清晰和希望的暗示。黑格尔认为，历史的进步使心灵的这些领域越加泾渭分明。但这种观点被法兰克福学派颠倒了。宗教、艺术和哲学此时在他们提出的无法表达的真理中几乎是可以互换的。

无论它们之间存在什么差异，都没有任何实际意义。自由是模仿不了的——如同上帝——地狱也是如此。当阿多诺提出“奥斯威辛之后再无诗歌”这句《文化批评与社会》（1951年）经常被引用和修正的结语时，表达的正是这种态度。犹太教的宗教训谕此时具有了美学形式。邪恶的化身如同善良的化身一样，只能被暗示，无法被描绘：上帝的任何客观化都不可能足够完美，而大屠杀的任何客观化也不可能足够骇人。当阿多诺在《最低限度的道德》中写到“文化只有从人那里退出，才能对人忠诚”时，提出了这一态度的激进含义。

拥抱否定

法兰克福学派流露出欧洲现代主义气息。从19世纪最后
93 25年直至1933年纳粹取胜，似乎一个国际先锋派一直在对抗新兴的大众社会及其显著的官僚主义、标准化、科学理性以及商品形态。无数印象派艺术家、立体派艺术家、表现主义者、未来主义者、达达主义艺术家以及超现实主义者都试图重新体验世界。他们以乌托邦想象和个性解放的名义通过铺天盖地的哲学-美学宣言向所有有关艺术的“现实”目标的东西发起进攻。反抗

从政治领域转移到文化领域。或者就法兰克福学派来看，哲学提供批判性思考的部分与美学所强调的体验热情相融合。否定成为先验反抗的节点，主体性在此向虚假条件的本体论提出质疑。

法兰克福学派始终对组织化政治保持怀疑。其异化和物化观念中固有的看法是，将理论同实践联系起来只会推进可怕的简单化计划。反智主义的危险似乎显而易见，在《批判模型 II》（1969年）所包括的《屈服》及其他文章中，阿多诺表达了他对那些声称“已经说够了”的人们的轻蔑。考虑到文化产业呈现实践活动的方式，他们希望“参加”的实践永远都并非足够激进。年轻人需要从极权主义运动及其宣传机构和对个人的蔑视中吸取教训。肯定个性是对全面管制的社会的最佳回应。但所有这一切都有某些自利的成分。

证明目的与手段之间似乎具有合理联系的活动，与行动本身或阿多诺所谓的“行动主义”不是一回事。理论当然不能简化为实践。但这并不意味着它应该将阐明变革的限制和机会抛诸脑后。政治行动并不总是引起反思，这是重要的一课。阿多诺教授这一课是对的，但他对“思考”的号召听起来如同迂腐的中小学教师发出的严厉指令；这成为高居争论之上的代名词。屈从始终保持原样，即拒绝参与，并且退出有组织的体制改革计划。 94

阿多诺收录在《文学笔记》（1969年）中题为“参与”的文章，是对贝尔托特·布莱希特和让-保罗·萨特的直接抨击。他们都同情共产主义，也都强调有必要将文学与关于政治潮流的党派观点联系起来。萨特在《什么是文学？》（1947年）中写道，没有一本伟大的小说能支持反犹主义。着眼于布莱希特的说教式剧作，比如《决定》（1930年）中的著名语句“党有上千只眼睛，我们只有两只”，阿多诺反驳道，也没有一部伟大的小说可以赞扬莫斯科审判。他一直认为，政治参与文学这一观点是自相矛盾的。它既不能对总体性进行批判（因为艺术作品在政治上总是党派性的），也不能提供任何有意义的乌托邦展望（因为真正的幸福始终超然于对象化）。

描绘一个完全管制的社会——一个没有出路和意义的噩梦般的官僚主义世界——中主体性被摧毁的能力，恰恰使弗兰兹·卡夫卡的作品对这一派批判理论产生重要影响。卡夫卡总是有些难以捉摸的东西。是什么呢？不仅是主体性，无论是人物的，还是旁观者的，而且还有激发它的方式。

《美学理论》（1969年）提出了抵制一切对象化的主体性、自由和乌托邦诸概念。阿多诺的巅峰之作——显示了他的非凡智慧并证明了他持久的吸引力——强调了作为社会单体的
95 艺术作品中产生的紧张关系。康德认为审美体验表现出一种有目的的无目的性，因此存在于相同的现象之中，这种现象按照马克思的看法表现为特定的压迫形式。形式与内容、反思与经验、技术与灵感、乌托邦希望与人类学的否定之间的冲突都融入这部作品之中。艺术作品因此是冲突的张力的“力场”。批判美学应当强调这些张力。它的真正目标不是通过对人物、叙事和主题的某种常见认同建立对世界的共同认识，相反是强化经验。根据阿多诺的看法，这就是艺术的典型瞬间是“焰火”的原因。

没有多少艺术家有能力创造这一瞬间，而阿多诺论塞缪

尔·贝克特一出戏剧的文章《理解终局》(1961年)既是对戏剧技巧的精辟研究，也是对他的总体美学观的精湛概括。贝克特创造了一个幻想的世界，每个人的体验都不尽相同。它的“事实内容”表现为它对物化和异化世界的美学形式的反抗。然而，它得到的反应的特点是无法言传的：对于每一位观众来说，它都是独一无二的。

对全然的他者的渴望无疑使这种渴望本身被感知到。阿多诺当然知道这一点。他毕竟从本雅明那里了解到，美学批判建立在(无望的)救赎希望之上。浪漫主义者和保守派仍然倾向于相信的美好的过去是不存在的。贝克特的《幸福时光》(1961年)以其人物最终被埋在沙里直到脖子却还沉湎于回忆从未发生的过去，对这一看法提出了强烈的控诉。贝克特的这两部戏剧在舞台表现和对话上都是极简主义的。应该指出的是，阿多诺总是试图避免对于美学形式的运用退化为形式主义，避免乌托邦渴望沦为非理性主义。他做出的修正在于将作品与虚假条件的本体论批判地联系起来，并拒绝所有正确地生活在错误生活中的轻率尝试。 96

《否定辩证法》(1966年)就是这项事业的哲学表达。它的出发点是建立在《黑格尔：三篇研究》(1963年)基础上的理念论元批判。历史与自由的背道而驰再次成为讨论的中心。个人和社会之间不可能有预制的和谐。在主体和客体之间建立同一性是自欺欺人。历史是非自由的领域，是对全体性日渐增强的征服，是需求和工具理性对幸福和主体性的胜利。对进步征程的信念因极权主义的胜利而破灭。以通用术语对个人进行概念化从一开始就是一个错误。

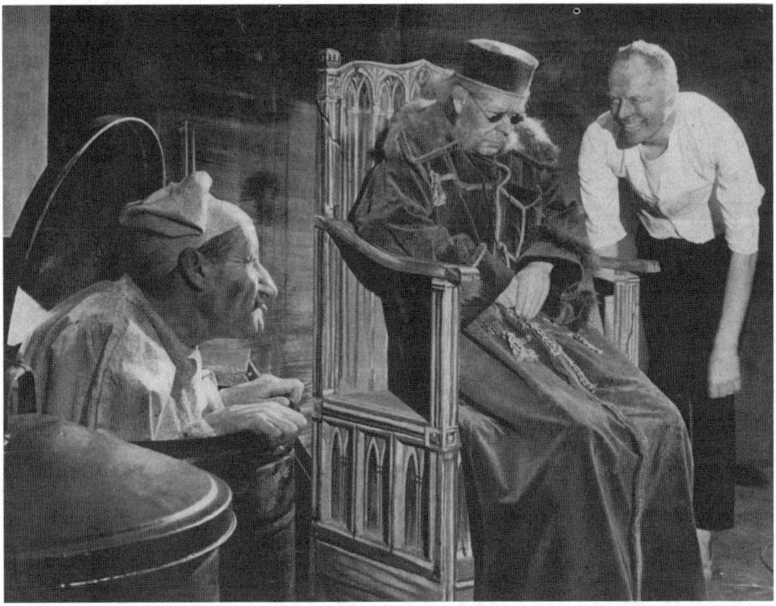

图8　根据T. W. 阿多诺的解释，塞缪尔·贝克特的《理解终局》激发了主体性，从而可以抵抗全面管制的社会。这张照片呈现了剧中的一个场景

康德被这个看法所驱使。黑格尔和马克思也不例外。他
97 们的目的论观点以带来注定失败的主、客体统一的名义，似乎证明每一次牺牲都是正当的。无论是被世界精神还是工人阶级征服，个人的经验锚地都会荡然无存，而且事实上被剥夺了权力。

《否定辩证法》和《黑格尔：三篇研究》向这套设想提出了质疑。它们都表明，那应当带来更加积极的自由决定的黑格尔式“否定之否定”，事实上由于日益严重的物化而破坏了自主性。阿多诺的这些著作本身确证了否定，而没有涉及对于进步的任何历史的理解。解决个人与社会之间的紧张关系是不可能的。试图提出解决办法是一项有违初衷的事业。相反，否定辩证法坚持主体与客体、个人与社会以及特殊与普遍的非同一性。然而，非同一性不能简单地予以声明。需要以批判性思考解释非同一性如何在特定情况下体现出来，以及特定经验如何避开了客观化。

阿多诺在1965年的一次讨论《否定辩证法》的演讲中澄清了这一点：“哲学是通过调和以及情境化来言说不可言说之物的矛盾努力。”对全然的他者的渴望促成一种处境，在这种处境中概念必须不断设法把握非概念性的东西。阿多诺的观点与贝克特的《难以命名者》（1953年）中“我不能继续下去，我将要继续下去”[①]的观点之间的联系是显而易见的。

反抗包括拒绝虚假条件的本体论，而不认为它是可以改变的。哲学的反抗也与美学和宗教反抗融合到一起。黑格尔并没有得到新的理解，而是被彻底否定：他的“绝对理念”三个阶段
之间的本质差异被废弃。只剩下对自由难下定义且不甚确定的 98
渴望进行反思，激发这种渴望的是否定它能够实现的现实。这里还有团结的最后一丝踪迹。元批判没有为能够在商品形态、官僚科层和文化产业主导的世界中具体促进（或抑制）团结的机构或组织留有任何空间。

因此，团结如同反抗一样采取了一种新的形而上学的形式。历史唯物主义的逻辑内在地支持这样一种变化。共产主义消亡了，社会民主主义遭到驯化，文化产业使人们无法设想出一个变革的代理人。现实本身要求将形而上学置于唯物主义之上。阿多诺因此能在《否定辩证法》中写道：“一度似乎过时的哲学由
于那种借以实现它的要素未被人们所把握而生存下来。”[②] 99

① 译文引自王雅华：《“小说”的终结和“文本”的开始：贝克特小说〈怎么回事〉之后现代写作特征解析》，《外国文学》2013年第1期，第51页。

② 译文引自［德国］西奥多·阿多诺：《否定的辩证法》，张峰译，重庆出版社1993年版，第1页。

第八章

从退却到新生

批判理论最初试图替代形而上学和唯物主义的主流形式。它的目标是阐明压迫背后的根源和遭到忽视的变革的可能性。然而，随着第二次世界大战的爆发，法兰克福学派得出的结论是解放的替代方案已经消失了。批判理论在黑格尔的所有牛在其中都是黑的那样的黑夜中醒来。[①]反抗呈现出越来越具有存在主义色彩的形式。它此时基于个人与社会之间非同一性的强化。“体系”成为参照物。否定面对着虚假条件的本体论。乌托邦的暗示与文明展开角逐。“他要么一切都想要，要么一切都不要。”布莱希特曾经写道，“面对这个挑战，世界通常回答：那最好什么都不要。”

社会批判理论

法兰克福学派最早在美国受到欢迎，是因为吸引了其第一

① 译文参考［德国］黑格尔：《精神现象学》（上卷），贺麟、王玖兴译，商务印书馆1981年版，第10页。

位历史学家马丁·杰伊提出的“1968年的一代”。直至20世纪80年代后期，批判理论在主流学术圈仍然被认为是异类，甚至在进步知识分子中间也被认为有些异乎寻常。然而，随着新左派的衰落，法兰克福学派逐步被纳入学术界当中。批判性法律研 100 究、批判性种族理论、批判性性别研究开始质疑占据主导地位的范式与观点。不过，伴随下层群体从公共生活的暗影下浮现出来，对一个一体化统治体系的全面抨击开始减弱。新的重点放在对抗宏大叙事和公认的西方传统准则上，乃至对抗大众文化也混入其中。社会批判理论及其一致性，逐渐陷入危机。它的变革目标采取了越来越随意的形式。

应对现代社会中的帝国主义剥削、经济矛盾、国家、大众媒体以及反抗特征的新方案尚未产生。否定论给批判理论蒙上了一层阴影。黑格尔和马克思的思想继承人此时对权力缺乏理解，以至于没有能力应对权力失衡。法兰克福学派一些更受忽视的作品中存在着纠正措施。

诸如弗里德里希·波洛克的《国家资本主义》（1941年）等文章提供了一个出发点。它对计划经济的分析促使我们思考关于自由市场的讨论是否是时代错误，而国有化的传统概念是否等同于社会主义。奥托·基希海默的《限定条件与革命突破》（1965年）警告现代国家趋于使应急权力“常规化”。赫伯特·马尔库塞和弗朗茨·诺伊曼身后发表的文章如《社会变革学说史》和《社会变革理论》讨论了真正的社会批判理论必须面对的预设。

批判理论的当代哲学和文学分支通常将权力作为一种人为的社会或语言结构加以对待。积累过程消失了，体系拥有了自

101 己的生命，个人要在缺乏任何机构或组织参照的认同或关怀理念中，为团结寻找一个共同的基础。由此，统治与剥削相分离，原则与利益相脱节。于尔根·哈贝马斯为批判理论中明显的形而上学和主观趋势提供了替代选择。

在他看来，沟通天然地基于话语的开放性、对每一个参与者平等地位的承认以及每一个人面对更好的观点时改变其想法的意愿。简而言之，沟通不需要某种与实践相分离的形而上学道德标准。它拥有自身的“普遍语用学”。或者换一种方式说，正是在强烈的沟通意愿下，沟通的道德标准在促进一致性的同时，保持着自主性。那些拒绝这种道德规范的人，或那些随意行使权力的人，也就拒绝了他们用来进行劝导的方法：从哲学的角度来讲，他们发现自己陷入了一种“践言冲突”[1]。

但批判理论的形而上学转向抵制了——或者更确切地说吸收了——哈贝马斯的挑战。《罗伯特议事规则》体现了相似的原则。当然，这部指导公众集会的手册是否得到参与者的认真对待是另一回事。普遍语用学的实际贡献并不是不言自明的。沟通的道德标准允许自由主义者和理性主义者无论何时避免陷入践言冲突，都可以自我称许。然而，他们的众多政敌在衡量真理主张时，将直觉和经验放在首位。另一些更极端的人对真理主张完全不予关注。这些人中的绝大多数在陷入践言冲突时大概都会回以，那又如何？

向权力讲真理的前提是能够使真理看得见——并且摸得着。《权威人格》（1950年）在这方面提供了重要的帮助。这部

[1] 译文参考韩东晖：《践言冲突方法与哲学范式的重新奠基》，载《中国社会科学》2007年第3期，第67页。

由阿多诺和其他各位合作者编辑的著作注意到个体之间的心理 102
差异，要求不仅着重对反犹主义者而且对一般的狭隘和偏执人格进行再教育。其作者使用诸如著名的“F量表”或“法西斯量表”之类的经验技术，阐明了反动性格结构，并对其后果予以谴责。他们着重指出权威人格如何对局外人、新来者以及异己者表示轻蔑。他们突显出其对暴力的偏好，并呼吁采取促进宽容的政策。

当然，乍一看，这一点出自否定辩证法的创立者是有些奇怪的。这项研究带有大众教育和适应既有标准的味道。此时似乎有可能去干预在其他地方被视为毫无漏洞的整体。但随后的警告是，权威人格和非权威人格的差异与其说是类型上的，不如说是程度上的。它们之间的本质差异看起来更加虚幻，而非更加真实。作者们在接受改革和否定改革效用之间摇摆不定。

阿多诺在《社会学导论》(2000年)及其他著作中表明了他对公民消极被动的反对和对进步改革的支持。但代理人问题在理论上仍然悬而未决。他也从未讨论改革对于全面管制的社会或虚假条件的本体论的影响。说阿多诺本应对资本主义下的交换关系进行批评，并没有改变问题。全面管制的社会及其所需要的真正的否定，都与任何得到普遍接受的政治行动理念隔绝开来。因此，在《理论、实践和道德哲学》(2001年)中，阿多诺可以设想一种“抵制实用性召唤”的新的实践形式，正因为它拒绝任何工具性运用，由此“自身包含着实用元素”。或者更简单地说，理论成为了实践——尽管它不需要为解放社会做出任何 103
具体的贡献。

图9　位于伦敦的卡尔·马克思墓碑上的著名碑文中可以发现批判理论新方向的来源：“哲学家们只是解释了世界。问题在于改变它！”

批判理论的形而上学转向，连同全面管制的社会和虚假条件的本体论等范畴，都需要加以审视。法兰克福学派关于前者的经验主张是站不住脚的，对后者的哲学依赖也无助于使它们 104
立足。将作为革命代理人的无产阶级排除在外并没有带来一个全面管制的社会，而是导致精英阶层——或者说统治阶级——围绕特定社会政策、文化价值观以及体制发展发生分裂。这些问题对劳动人民和下层群体的影响截然不同。马克思所谓的资本的政治经济学与劳动的政治经济学之间仍然存在对立。

以一个与全面管制的社会相似的概念之名忽视真正的意识形态和物质利益冲突，妨碍了以有意义和创新的方式解释事件的能力。其中涉及的远不止沟通上的误解或陷入危机的生活世界。有意义的团结概念适用于社会当中的实际冲突。事实上，如果不将这些概念放在首位，反抗和统治都会失去它们的历史特殊性，因此也会丧失具体性。它们不过成为又一对词语。

异化和物化曾经涉及统治经验，并涉及变革实践的必要性。如今它们主要充当不作为的借口。在我看来，为了再次突出这些概念，重点在于对它们进行区分。大概最好由如下方式开始：青年马克思为克服分工并重新确立人对生产过程的控制，为异化下了定义。

不过，异化在20世纪接受了其他内涵。它开始变得难以捉摸并坚定不移地与内疚、恐惧、死亡定数和无意义的感觉联系在一起。对异化的唯一回应是乌托邦，或者进一步说是存在问题，这些问题困扰着我们以及我们的存在的人类学基础。相比之下，物化应当被认为是可以相互替代的——也是社会行动的目标。它所展示的与其说是先进工业社会的架构，不如说是其运 105

作方式产生的影响。工具理性不过是一种有效解决匮乏问题的数学技巧。它可以向前资本主义偏见的受害者赋予权力，如同它可以将工人降格为生产成本、将人类贬低为可支配资源一样容易。

重要的不是官僚主义和工具理性的形式特征，而是决定它们如何被利用的（通常隐藏的）价值观和利益。批判理论应该仔细研究有意义的目标，或者更应该审视塑造着我们的生活的政策和制度中所包含的不同的优先事项和利益。对工具理性形式特征的执著本身就是一种物化的表现，它削弱了对于科学及其方法的解释。

批判理论最初通过将社会研究从对自然的研究中分离开来直面正统马克思主义。然而，从认识论的形式主义角度看待工具理性弱化了这种区别。尝试将科学理论和技术创新置于背景中进行社会学研究是合理并且重要的。然而，对于一种规范理论而言，判断科学理论和技术的内部运作是另一回事。粗略地说，批判理论可以为诸如爱因斯坦提出的相对论的历史成因和社会用途提供卓有成效的视角，但它不应试图对其真理性做出哲学判断。

批驳物化并不能抹杀对于专业知识的需求以及了解人们在谈论什么的能力。一门新科学，尤其是缺乏验证其真理主张的标准的新科学，关于它的乌托邦看法也由它们反对的物化定义。批判理论最好建立在卡尔·波普尔于《科学发现的逻辑》（1959
106 年）中提出的“可证伪性”概念的基础上。20世纪60年代，法兰克福学派与其更倾向于科学的对手之间激烈的“实证主义论战”，从许多引人关注的角度探讨了这一问题及其他问题。然而，对于将科学的真理主张视为暂定的并可根据未来研究加以修改，批判理论的拥护者通常倾向于低估其方法上的重要性和现实意义。事实上，这一立场恰好符合批判事业。

可以肯定的是，科学范式及其验证事实主张的标准将随着时间的推移而改变。甚至“范式转变”也将发生。托马斯·库恩在他的名著《科学革命的结构》（1962年）中指出，它们之所以会发生是因为遇到了旧的科学方法无法充分解决的新问题——并不是因为哲学家们基于一种难以表达的乌托邦愿景参与了对科学的某种抽象控诉。

相比之下，清晰的乌托邦方法也许会有所裨益。在不抛弃自然科学但同时限定其概念适用性的情况下，恩斯特·布洛赫的《阿维森纳与亚里士多德左派》（1949年）以对亚里士多德的重新解释为基础，提供了一种新颖的对自然的宇宙观。这部著作突显了亚里士多德被忽视的理解生活世界的潜能和活力理念，利用阿维森纳和阿威罗伊将自然的创生能力（能动的自然）与其经验表达（被动的自然）并列对照，形成了一种生态系统观，随后对现代生态学和环境主义产生深远影响。

布洛赫认为自然不可以简化为它的经验成分（这正是资本主义理性所假定的），它还是人类维持生命的要素。传统的科学理性有它的位置，但自然界中的宇宙学原理为工具理性所能确 107
定的事物设置了界限，并为其应用设定了道德优先次序。生态系统成为耕作和储藏的根据。认识到隐藏在自然的客观表现背后的自然主体或自然维持生命的能力，是真正的激进主义和任何有意义的乌托邦观念的先决条件。因此，布洛赫对唯物主义的思辨性探索无论有何问题，都具有社会意义：它的批判对具有如此破坏性影响的既有环境假说提出了积极的观念上的回应。

参与批判不一定需要在人类学上与现实决裂。要评估任何特定问题的备选方案，就需要制定规范。但规范如果不与往往彼此冲突的利益以及实现这些利益的能力相联系，就只能停留在抽象意义上。权力是现代社会一个无法摆脱的要素。它既不是人为构建的，也不是意志的随意决定。它的协调和限定规定着社会的性质及针对它的政治反应。自由再次成为对必然性的洞察。

弗朗茨·诺伊曼在他的经典文章《权力研究方法》（1950年）和《自由概念》中间接提到这些问题。他注意到，现代社会面临的问题与其说是对政治权力的限制，不如说是对它的合理利用。只有做出这一区分，才有可能防止物化理论本身逐渐被物化。批判始于它对自由的信奉。然而，要使这一点具体确凿，理论就需要涉及权力问题。正如机构可能保有过多权力，它们也可能保有过少的权力。相互竞争的制度设想会提供不同性质的政策选择。要区分合理和不合理的权威和政策形式，就必须
108 有标准。它们应当由一套真正的社会批判理论予以提供。

启蒙政治

启蒙理论与实践的关注重点是限制制度性权力的任意行使、促进多元性并使个性得以发挥。贯穿于过去那些伟大的进步运动的不是"大拒绝"，而是这一系列的道德和政治主题。社会主义工人运动、民权运动、妇女解放运动、东欧反对共产主义的运动以及全世界的宗教和曾经的被殖民世界中最为民主、平等的浪潮，莫不如此。道理显而易见：要激发批判理论的变革目

标，就需要修正其对启蒙遗产以否定为主的看法。

瓦尔特·本雅明的《德意志人》（1933年）或许提供了一个起点。该书由他多年收集的书信组成。它们并非出自名人手笔，而是他们的朋友、亲人或同伴写来的。这是一些受到启蒙理想启发的普通人，比如康德的兄弟或歌德的密友。这本小书对共识予以指责。启蒙超出了知识分子的小圈子。它的政治观念和文化关怀向一些人发出召唤，他们在寻求一个更为合理、更加自由的世界。

法兰克福学派完全错误地认为启蒙运动——或者更确切地说是其科学理性——应该被解释成是得意扬扬的，或者是与其对手的理论和实践相隔离的。启蒙思想一直以来都是防御性的。情况始终如此。从19世纪早期的“一无所知党”到“三K党”，再到“美国第一论者”，直至我们这个时代的“茶袋抗议者”[①]，美国事实上遭受了理查德·霍夫施塔特所说的其政治中的“偏执”压力之苦。对世界大事极其浮光掠影地一瞥，进一步证明了这一评判是有道理的。人权、宽容、世界主义理想（乃至科学）几乎在各地都遭到宗教狂热、文化地方主义以及专制反动势力的围攻——或者至少是挑战。 109

恩斯特·布洛赫的《我们时代的遗产》（1935年）提出，现代性引发了憎恨，导致前现代选区的选民转而支持原始价值观，他们感到身受现代性影响的威胁。在分析法西斯主义时，他考察了多个社会领域中存在的矛盾，这些矛盾从一个时期被带到下一个时期，并在这个时期中呈现出新的特征。举例来说，如果

① 此处译文参考陈正伦：《从社会文化角度看Tea Party政治运动术语的汉译》，载《宜宾学院学报》2012年第1期，第100—101页。

说资本主义社会是由特定的阶级利益冲突塑造的，它还是展现出前资本主义的（因此是非同步的）性别歧视或种族主义甚或领导权问题，这些问题需要以往未曾预料到的解决办法。即便仅仅出于这个原因，未来也永远是开放的。这个看法需要告诉人们的是，现代性在政治和意识形态上的反对者仍然能够获得权力。

在抨击启蒙运动时，法兰克福学派忽视了以赛亚·伯林爵士率先提出的反启蒙运动。保守派中的杰出人士，比如约翰·格奥尔格·哈曼，在知识水平上要逊色于他们的自由派对手。他们使自己暴露成如此专断、狭隘、顽固之人，以至于如今几乎不值得被阅读。而忘记了他们，法兰克福学派对启蒙运动提出的批评便最终被证明是有所扭曲的。这一现象是根据背景并以理论上的参考标准来加以判断的。

自由共和主义和民主社会主义都源于启蒙运动。在那些质疑不负责任的机构行使强权的人中间，启蒙运动的热心拥护者站在了前列。而他们也通过抨击基本的暴行、宗教教条主义、无
110 知、迷信、仇外以及不礼貌行为，为公民社会的转变做出了贡献。启蒙遗产只是在其社会和政治意义上有所收获。有三个基本政治观点需要批判理论加以考量：

（一）启蒙运动的诸理想表现出一种与反权威运动有选择的密切关系。左翼运动倾向于将世界主义置于地区主义之上，将理性置于直觉之上，将怀疑置于传统之上，将自由置于权威之上。唯一合理的是，右翼运动应该接受反启蒙运动。两大运动从一开始就处在对立之中。启蒙辩证法

是一种幻想。

（二）启蒙运动的诸准则具有内在批判性。当偏见的受害者要求采取补救行动时必然会提到它们。此外，没有任何习俗或传统能免于审视。甚至许多其最著名的代表人物所持有的个人偏见都遭到了与启蒙运动有关的普遍准则的辩驳。

（三）启蒙运动的诸原则促进了多元主义。它们明确反对整合性民族主义和统一共同体。它们还强调包容、实验方法和自治。只有自由法治是有效的，才有可能谈论对主体性的自由而实际的运用。

所有这一切都没有得到法兰克福学派核心集体的充分认识——其后果在对待大众教育和文化产业方面是显而易见的。在不加区别地对待艺术品和其他商品的情况下，文化产业被法兰克福学派视为审美体验的标准化和主体性的危机。它沉迷于通过不断降低大众口味实现利润的最大化，因此必然会出现文化标准的丧失。大众性将作品整合到体系之中。作品的批判性及其提供一种获得解放的替代选择的能力由此必定减弱。随后 111
只有高度复杂精致的艺术品，可以引出那些被压制的、能够抵抗大众社会消耗性冲动的乌托邦形象和主体体验。

然而，文化产业并没有停滞不前。它的美学创造和技术发明是惊人的。它通过催生众多大众群体促进了多样性——每一个群体都有其自身的判断标准和意图。其许多作品向现状和物化发起挑战。但这还不是真正的要点。坚持主张真正的艺术必须以某种方式质疑虚假条件的本体论，是在怀念乔装为激进主义的研讨室。

批判理论由此使自身面临着嘲讽：其否定论作为解放者出现，却既不能确定解放应该采取的形式，也不能应对被压迫者对压迫的接受。尤其是，对于什么构成反抗，否定辩证法的拥护者完全武断的口吻是公开的，而除此之外，他们似乎从不愿意将任何问题放到台面上。文化始终被用来维护强者的统治和弱者的恭顺。布莱希特在《屠宰场的圣·琼》（1929年）中写道：“统治思想是那些统治之人的思想。”然而，法兰克福学派由于在抽象问题上的专注，剥夺了抵抗这些思想的物质参照。

文化机器内部的意识形态斗争仍然是不具体和不确定的。左派的极端民粹主义倾向可能会以使其成为自身压迫的同谋的方式谴责复杂性、忽视标准并抛弃经典作品这一观念。然而，相比于批判理论尚未开发的塑造进步政治意识的潜力，它可能更会受益于较少地强调文化产业操纵艺术的方式。

《周六夜现场》和喜剧女演员蒂娜·菲帮助击垮了州长萨拉·佩林——2008年参议员约翰·麦凯恩和共和党选定的声名狼藉的副总统人选——至少是在这场竞选当中。右翼煽动者当然利用了大众媒体。但是，文化产业最好被视为批判哲学家道格拉斯·凯尔纳所称的“斗争地带”，在这里，带着对立意识形态观念和价值观的不平等的对手之间不断展开较量。或者换一种说法，文化产业是商品生产的一个分支，**可以**证明它对商品生产是具有批判性的。

瓦尔特·本雅明在《机械复制时代的艺术作品》（1935年）中探讨了这些主题。这篇著名的随笔将前现代与现代绘画体验并置在一起。发生在宗教背景之下的与绘画的前现代相遇，沐浴在一种“光环”之中：旁观者认为作品是独一无二的，是真实的，是超越创造它的技术的鲜活象征，并且植根于一种显而易见的传统。复制这一作品的技术能力——想象一下毕加索的画作变成一名大学生装饰墙壁的贴画——剥离了它的光环、独特性、真实性及其在固有传统中的底色。光环的丧失会强化异化的感觉和反动运动的吸引力，这些运动试图提供一种虚幻的归属感。但光环的丧失也可以使作品面对批判性反思或本杰明所说的“高度的冷静”。

随后出现两种可能性：观众或者屈从于情感操纵，在一种不真实的尝试中体验无法再被体验的东西，或者利用批判性思考培养存在意识和政治意识。然而，文化产业的批评者事实上在绝大多数时候都否定这样一种选择：光环的丧失通常被理解为主体性受到操纵的预兆，并且证明艺术疏远了广大公众的品味 113
和兴趣。

娱乐和思考并不总是相互排斥的。另类媒体和网络空间为进步力量提供了新的选择。精于技术也并不一定被证明是自我放纵。备受阿多诺崇敬的卡尔·克劳斯以恶意的嘲讽和如今几乎找不到的语言工具抨击他那个时代的媒体以及墨守成规的知识分子。但克劳斯对于代表着他所处时代的“想象力的失败”的攻击有一个具体的焦点：它针对的是那些无法预想自己文字的实际影响的文化名人。

类似的关注点成为实验小说——虽然极具争议——的标志，比如尼克尔森·贝克的《人类的硝烟》（2008年）。这部关于两次世界大战间隔期以及种族屠杀起源的著作有着成百上千条引文和轶事供读者组织到一幅星图之中，它分析了政治暴力的可怕冲动，抨击了神话偶像，重拾被遗忘的有良知的男女并具体呈现了和平主义的尊严。人们有可能不赞同作者的结论，但不可能忽略他运用的对历史的批判视角或贯穿在他作品中的道德冲动。文化产业内外足够多的大众知识分子都参与构建了新的星图，并且打乱了历史——时常带着政治的目的。

变革的冲动

批判理论最初试图成为一项每个人都可以发挥其独特的学科才能和专长的跨学科事业。它的代表人物强调哲学与政治学、社会学与心理学以及文化与解放之间的关系。他们构想了总体性，并且改变了社会科学、人文学科乃至自然科学解释者看
114 待世界的方式。

法兰克福学派对陈腐的概念提出疑问。他们着眼于文化遗迹、消逝的希望以及霸权文化势力忽视或压制的东西。他们要求那些致力于解放理想的人们对新的可能性和新的限制做出回应。他们也暗示需要对理论和实践的关系做出新的理解。这是一份值得保存的令人自豪的遗产——尽管不需要盲目崇拜这种或那种态度或预言。批判理论有新的状况需要面对：世界变大了，与古老文明的新的碰撞已经发生，身份成倍增加，而且——或许是第一次——有可能谈论全球经济和文化体系。

当马克斯·霍克海默接管研究所时，他希望批判理论成为一种公共哲学，而不是又一种满足专家群体需要的学术专业。如果这仍然是目标所在，那么批判理论家就不应再采用纳税表格式的风格，并且需要放弃对大众文化一边倒的分析，这种分析基于一种看法，即大众性——或者说清晰易懂——在某种程度

上对作品的激进性天然有害。

只有对公共问题予以质询并对社会阻碍个性发展的方式提供替代选择，才有可能孕育一种激进的公共哲学。批判理论对托马斯·曼率先提出的“权力保护下的内在性”已经沉迷了太久。需要以新的目标和方法阐述社会、经济和政治权力的失衡，并且要关注干预的前景。

这样一项事业有赖于阐明既有的意识形态和制度试图隐藏的价值和利益——以便普通人可以对它们加以判断并适当地予以回应。C.赖特·米尔斯在《社会学的想象力》（1960年）中恰恰提出了这一点。在这部深受批判理论影响的经典著作中，这位著名的激进思想家号召学者和知识分子将“个人难题”转变为“公共议题”。女性已然将乱伦和配偶虐待由私人问题转变 115
为公众问题；同性恋公民主张有必要以立法应对“仇恨罪”；有色人种在挑战制度性种族主义；为了使大量权力机构向那些没有被赋权的人们负责，人们业已付出的——和正在付出的——其他努力难以计数。

代理人并没有从世界上消失。激进的社会运动依然存在，但它们因严重而持久的分歧陷入分裂，为资源、忠诚和宣传彼此竞争。参与单独协议的道德经济，对于有组织的利益群体存在着吸引力——以至于作为整体的左派还不如其某些部分的组合。批判理论可以结合新范畴和新原则服务于利益协调，它同样还有其他任务。

民主尚未完成；世界主义遭受着认同的挑战；社会主义需要新的定义；阶级理想仍有待实现。过去的文化遗产依然没有被唤醒；我们对世界的体验还是那么有限；人们的学习能力仍需要有标准来确定要教什么。对于那些散落在历史中的被遗忘的乌托邦碎片，或许依然存在新的拯救形式。参与解决这些问题需要一种具有解放准则的跨学科视野。讨论诸如正义、自由等规范性理想的空间总是存在的。

对于存在的结构和意义的本体论范畴，情况也是如此。但试图表达不可表达之物已经成为一种迷恋，相比于对此予以纵容，批判理论家还有更好的事情要做。最好是辨别出什么是显而易见而非未被认识的、痛苦但可以补救的，以及被压迫却可以赋予权力的。只有以一项多方面的变革计划面对世界，批判理论才能再次显现出它的独特性以及它充满活力的理想的重要
116 性：这理想就是团结、反抗和自由。

索　引

（条目后的数字为原书页码，见本书边码。斜体表示位于图注中）

A

Adorno, Theodor W. 西奥多·W. 阿多诺
aesthetic criticism 美学批判 16—17, 27, 81, 88, 90, 93, 95—96, 97
culture industry critique 文化产业批判 6, 81—82, 87—88, 93, 94
negative dialectics 否定辩证法 7, 17, 94—95, 97—99
personal life/career 个人生活/学术生涯 3, 10, 16—17, 32, 85, 114
social criticism 社会批判 29, 32—33, 73—74, 76, 85, 97—99, 102—103
writings 著作 11, 16—17, 27, 29, 32—33, 73—74, 81, 85, 88, 93, 94, 95, 97—99, 102—103
参见 *Dialectic of Enlightenment; Minima Moralia*
aesthetics 美学
in critical theory 批判理论中的 64, 91—92, 94, 95—96
in culture industry 文化产业中的 92, 111—114
utopian visions of 乌托邦愿景 63, 70
alienation 异化
causes of 原因 5, 25, 27, 35—43, *41*
critical theory on 批判理论论异化 2—3, 4—5, 45—48
and division of labor 与劳动分工 4, 35, 40, 46, 105
erosion of selfhood in 异化中的自我侵蚀 5, 39—43, *41*, 53
in modern life 现代生活中的 25, 105—106
Althusser, Louis 路易·阿尔都塞 80
anti-Semitism 反犹主义 11, 52—53, 58, 81
参见 Nazis/Nazism
Arendt, Hannah 汉娜·阿伦特 15
Aristotle 亚里士多德 107
art 艺术
aura in 艺术中的光环 113—114
as commodity 作为商品 27, 51, 62, 81, 87
and culture industry 与文化产业 87—88, 113—114
expressionism 表现主义 6, 66—67, 94
popular 大众的 87—88, 115
surrealism 超现实主义 29, 90, 94
utopian possibilities in 艺术中的乌托邦可能性 14, 63—64, 66—67, 79, 80, 93
authoritarianism 权威主义
in people 人民中间的 102—103
in states 国家中的 5, 45—46, 49—50
autonomy 自主性
erosion of 受到的侵蚀 62, 77, 98
individual 个体的 5, 36, 48, 52, 102, 111
moral 道德的 2, 54
avant-garde 先锋派 66, 80, 90, 93—94

B

Baker, Nicholson 尼克尔森・贝克 114
Balzac, Honoré de 奥诺雷・德・巴尔扎克 66
barbarism 野蛮状态
  embedded in civilization 嵌入文明中 52, 58, 59
  as result of progress 作为进步的结果 5, 62, 72
Beckett, Samuel 塞缪尔・贝克特 3—4, 17, 96, 97, 98
Bellamy, Edward 爱德华・贝拉米 74
Benjamin, Walter 瓦尔特・本雅明 64
  aesthetic critique 美学批判 16—17, 29, 90, 96, 97
  cultural critique 文化批判 15—16, 27, 80—81, 113—114
  personal life/career 个人生活 / 学术生涯 3, 15—16
  social critique 社会批判 30—32, 58, 109
  writings 著作 15—16, 27, 29, 32, 58, 109, 113
Bergson, Henri 亨利・柏格森 59, 77
Berlin, Isaiah 以赛亚・柏林 110
Bloch, Ernst 恩斯特・布洛赫 93
  expressionism debate 表现主义争论 66—67
  on nature 论自然 107—108
  personal life/career 个人生活 / 学术生涯 20, 43, 65—66
  Principle of Hope(Bloch)《希望的原则》(布洛赫) 65
  social critique 社会批判 66—68, 108, 110
  Spirit of Utopia(Bloch)《乌托邦精神》(布洛赫) 43—44, 65
  utopian visions 乌托邦愿景 43—44, 64—69, 75, 108
  written work 著作 43—44, 65, 66—67, 68, 69, 107, 110
Bobbio, Norberto 诺贝尔托・博比奥 59
bourgeoisie 资产阶级
  and capitalist production 与资本主义生产 50, 60, 86
  revolutionary 革命的 28, 36, 44—45, 52, 66
Brecht, Bertolt 贝尔托特・布莱希特 16, 76, 92, 95, 112
Breton, André 安德烈・布勒东 90
bureaucracy 官僚制
  of authoritarian states 权威主义国家的 45—46
  as "end of individual" 作为"个人的终结" 5, 43, 48, 82
  resisting 反抗的 7, 99
Burke, Edmund 埃德蒙・伯克 80
Butler, Samuel 塞缪尔・巴特勒 67

C

capitalism 资本主义
  alienation/reification in 资本主义中的异化 / 物化 5, 39—43, 49, 82
class consciousness 阶级意识 20—21, 25—26, 28, 44—45, 60
consumerism in 资本主义中的消费主

义 5—6, 70
and instrumental rationality 与工具理性 28, 42, 47, 55
and private property 与私有财产 35, 56
revolutions 革命 28, 36, 48—49, 52, 66
Carnap, Rudolf 鲁道夫・卡尔纳普 59
class 阶级
conflicts 阶级冲突 86, 89—90, 105, 110
consciousness 阶级意识 20—21, 25—26, 28, 44—45, 60
参见 proletariat/working class
Cohn-Bendit, Danny 丹尼・科恩-本迪特 91
commodity form 商品形态
and culture industry 与文化产业 17, 27, 51, 62, 81, 85, 87, 113
people as 人作为商品形态 40—42, 53
resistance to 对商品形态的抵抗 7, 92, 94, 99
communicative ethics 交往伦理 33, 46—47, 102
communism 共产主义
and authoritarianism 与权威主义 45—46, 49—50
failure of 失败 52, 86, 99
and Frankfurt School 与法兰克福学派 10, 12, 20—23, 28, 36, 44—46, 68
Communist International 共产国际 21, 22, 45, 66
concentration camps 集中营
Auschwitz 奥斯威辛 5, 52, 93
Buchenwald 布痕瓦尔德 57, *57*
consciousness 意识
class 阶级的 20—21, 25—26, *28*, 44—45, 60
happy 幸福的 14, 77—78, *78*, 82, 84, 87, 89
political 政治的 86—87
unhappy 苦痛的 77
Counter-Enlightenment 反启蒙运动 58, 110, 111
critical theory 批判理论
coining of term 提出术语 20
core themes of 核心主题 1—8, 18—19, 23—24, 29—30, 32—34, 47, 100
future for 未来 8, 115—116
human emancipation as aim 以人类解放为目标 2, 21, 24, 39
ideological concerns 意识形态关怀 25—28
as interdisciplinary 跨学科性 1, 11, 18, 114—115
journals 杂志 35, 87, 89
legacy of 遗产 8, 115
limitations 局限性 8, 88, 100—116
methodologies 方法论 20—34
negation as principle of 以否定为原则 12, 54, 62, 74, 88, 94, 100, 112
origins of 起源 1—3, 20—21
resistance as animating ideal 以反抗为信念 4, 7, 8, 12, 29, 33, 34, 81, 88, 94, 98—99, 100
responsiveness to new social problems 回应新的社会问题 1, 18—19, 24, 101, 115—116
solidarity as animating ideal of 以团结为信念 98—99, 116

theory vs. practice in 理论与实践 2, 12, 18, 73, 74, 84, 103, 115
transformation as animating ideal of 以变革为信念 6—7, 13—14, 15, 28, 91, 100, 105
treatment of facts in 对于事实的处理 24—25
参见 Frankfurt School
culture industry 文化产业
as commodity form 作为商品形态 17, 27, 51, 62, 81, 85, 87, 113
dance troupes 舞蹈团 26—27, *26*
films 电影 27, 87, 88
Frankfurt School critique of 法兰克福学派的批判 5—6, 62, 79—88, 89—90, 99, 111—114, 115
jazz 爵士乐 78, 88
positive uses of 积极功用 86, 89, 112—114
radio 广播 17
television 电视 17, 86, 113

D

Dialectic of Enlightenment (Horkheimer and Adorno)《启蒙辩证法》(霍克海默和阿多诺)
critique of liberalism 对自由主义的批判 56—58
culture industry critique 文化产业批判 51, 62, 77—78, 81, 87
and instrumental rationality 与工具理性 51—56, 58, 59—62
limitations of 局限性 58—62
publication and sequel 出版物及续篇 11, 51, 62
Dutschke, Rudi 鲁迪·杜契克 91

E

Engels, Friedrich 弗里德里希·恩格斯 28
Enlightenment 启蒙运动
autonomy/individuality in 启蒙运动中的自主性/个性 52, 53, 109
ethical ideals 道德理想 2, 52, 54, 109
Frankfurt School engagement with 法兰克学派的参与 3—4, 5, 8, 12, 48, 53, 109—114
and instrumental rationality 与工具理性 53—59, 109
legacy of 遗产 58, 109—114
ethics 伦理
communicative 交往的 33, 46—47, 102
in critical theory 批判理论中的 1—2, 29, 47
disappearance in modern life 在现代生活中消失 42—43, 53
European modernism 欧洲现代主义 93—94
European radical uprisings 欧洲激进起义 7, 20, 22, 44, 109
Existentialism 存在主义 33, 72, 100

F

fascism 法西斯主义

Frankfurt School critique of 法兰克福学派的批判 3, 45—46, 52
roots of 根源 55, 59—60, 61
Feuerbach, Ludwig 路德维希·费尔巴哈 40
Frankfurt School 法兰克福学派 6, 100
debates 争论 66—67, 107—108
exile/return to Germany 流亡 / 返回德国 11, 12, 20, 84
interdisciplinary style 跨学科风格 1, 11, 18, 114—115
principal members/founding of 主要成员 / 创立 3, 10—18
in public realm 公共领域中的 84—85
参见 critical theory
freedom 自由
as animating ideal in critical theory 作为批判理论的信念 1, 2, 7, 17, 18, 98—99, 116
Hegel-Marx dialectic 黑格尔-马克思辩证法 36, 37—43, 48
in modern society 现代社会中的 108
and negative dialectics 与否定辩证法 97, 98—99
and nonconformity 与特立独行 77
utopian visions of 乌托邦愿景 64, 68
Freud, Sigmund 西格蒙德·弗洛伊德 12, 29, 54, 70, 73—74
Fromm, Erich 埃里希·弗洛姆
career/personal life 学术生涯 / 个人生活 3, 12, 13—14, 73, 84
on metapsychology 论元心理学 72—74
social/psychological critique 社会 / 心理学批判 12—14, 25, 29, 45, 49
writings 著作 12—13, 25, 29, 45, 49, 73

G

Garden of Eden 伊甸园 36, 67, *67*
Gerlach, Kurt Albert 库尔特·阿尔伯特·格拉赫 9
Germany 德国 11, 14, 60
Goethe, Johann W. von 约翰·W. 冯·歌德 16, 57, *57*, 70
Gramsci, Antonio 安东尼奥·葛兰西 21—22, 44, 60
Grass, Günther 君特·格拉斯 72
"great refusal" "大拒绝" 14, 89—90, 109
Grossmann, Henryk 亨利克·格罗斯曼 9
Grünberg, Carl 卡尔·格吕堡 9
Gutermann, Norbert 诺伯特·古特曼 11

H

Habermas, Jürgen 于尔根·哈贝马斯
communicative ethics 交往伦理 46—47, 102
personal life/career 个人生活 / 学术生涯 3, 10, 17—18, 47, 83, 84—85
philosophical analysis 哲学分析 18, 33, 46—47, 72
political critique 政治批判 18, 82—

83, 84—85
writings 著作 18, 33, 46—47, 72, 82, 83
Hamann, Johann Georg 约翰·格奥尔格·哈曼 110
Hegel, Georg Wilhelm Friedrich 格奥尔格·威廉·弗里德里希·黑格尔 93
on alienation 论异化 37—39, 100
dialectic of freedom 自由辩证法 37—43, 48, 77
on non-identity between individual and society 论个人与社会的非同一性 97—99
philosophical method 哲学方法 2, 7
Heidegger, Martin 马丁·海德格尔 24
historical materialism 历史唯物主义
and critical theory 与批判理论 14—15, 16, 18, 25, 28—30, 99
Marxist views of 马克思主义的观点 20, 22
historicity 历史性 14
history 历史
man's ability to shape 人类塑造历史的能力 65
as one single catastrophe 作为一整场灾难 30—31
as striving for utopia 为乌托邦而奋斗 68
History and Class Consciousness (Lukács)《历史与阶级意识》(卢卡奇) 20—21, 25 26, 44—45, 66
Hitler, Adolf 阿道夫·希特勒 11, 56
Hitler-Stalin Pact of 1939 1939 年《苏德互不侵犯条约》38
Hölderlin, Friedrich 弗里德里希·荷尔德林 37
Honneth, Axel 阿克塞尔·霍耐特 47
Horkheimer, Max 马克斯·霍克海默
on critical theory 论批判理论 18—19, 23, 115
on culture industry 论文化产业 6, 77, 81—82, 87
on emotional experience as liberating 论以情感体验为解放 11, 12, 29, 92—93
personal life/career 个人生活/学术生涯 3, 10—12, *10*, 17, 28, 84
philosophical analysis 哲学分析 11, 12, 24, 28, 48
political critique 政治批判 7, 11, 45—46, 48, 84
writings 著作 11, 23, 24, 28, 29, 45—46, 48, 51—58, 81, 92
参见 *Dialectic of Enlightenment*
Human Smoke (Baker)《人类的硝烟》(贝克) 114
Hume, David 大卫·休谟 29, 54
Huxley, Aldous 阿道司·赫胥黎 74

I

ideology 意识形态
Frankfurt School concern with 法兰克福学派的关注 2, 20, 25—28
"free-floating intelligentsia" "自由浮动的知识分子" 27—28

individuality 个性
bureaucracy as end of 官僚制作为个性的终结 5, 43, 48, 82
as focus of critical theory 作为批判理论的焦点 2—3, 29, 32—33, 100
loss in mass society 在大众社会中的丧失 5, 27, 49
Institute for Social Research 社会研究所 9, 28, 35
参见 Frankfurt School
instrumental rationality 工具理性
in advanced industrial society 在发达工业社会中 106
and capitalism 与资本主义 28, 42, 47, 55
critique by Frankfurt School 法兰克福学派的批判 2, 24, 28, 51—52, 53—56, 59, 64, 92
and Nazism 与纳粹主义 52, 61
origins in Enlightenment 源于启蒙运动 53—59, 109
Italy 意大利 21, 59—60

J

Japan 日本 60
Jews 犹太人 58, 93
参见 anti-Semitism

K

Kafka, Franz 弗兰兹·卡夫卡 4, 16, 17, 64, 95
Kandinsky, Wassily 瓦西里·康定斯基 80
Kant, Immanuel 伊曼努尔·康德 2, 11, 24, 29, 55, 95—96, 97—98
Kautsky, Karl 卡尔·考茨基 60
Kellner, Douglas 道格拉斯·凯尔纳 113
Kirchheimer, Otto 奥托·基希海默 101
Klee, Paul 保罗·克利 31
Kluge, Alexander 亚历山大·克鲁格 82
Korsch, Karl 卡尔·柯尔施 44
critique of Marxism 对马克思主义的批判 22—23, 26
as Western Marxist 作为西方马克思主义者 3, 9, 20, 21, 22
writings of 著作 9, 22—23
Kracauer, Siegfried 西格弗里德·克拉考尔 26—27
Krauss, Karl 卡尔·克劳斯 114
Kuhn, Thomas 托马斯·库恩 107

L

labor, division of 劳动分工 4, 35, 40, 46, 105
Lask, Emil 埃米尔·拉斯克 43
Le Bon, Gustave 古斯塔夫·勒庞 80
the Left 左派 31, 51, 52, 86, 116
参见 New Left
left-wing movements 左翼运动 111
Lenin, Vladimir 弗拉基米尔·列宁 28, 44, 60
liberalism 自由主义 8, 45—46, 52, 56—58, 110
Lisbon earthquake 里斯本地震 5

literature 文学
critiques 批判 17, 27, 79, 95—96, 97
expressionism debate 表现主义争论 66—67
utopian 乌托邦的 74—75
Lowenthal, Leo 利奥・洛文塔尔 11, 27, 77
Lukács, Georg 格奥尔格・卢卡奇
expressionism debate 表现主义争论 66—67
personal life/career 个人生活 / 学术生涯 43, 61, 65—66
social/political critique 社会 / 政治批判 43—44, 45, 61, 67, 78—79
Soul and Form (Lukács)《心灵与形式》(卢卡奇) 79
Theory of the Novel (Lukács)《小说理论》(卢卡奇) 43—44, 61
and Western Marxism 与西方马克思主义 3, 20—21, 35, 45
written work 著作 20—21, 25—26, 43—45, 61, 66, 79
参见 *History and Class Consciousness*
Luxemburg, Rosa 罗莎・卢森堡 60

M

Mannheim, Karl 卡尔・曼海姆 27
Mann, Thomas 托马斯・曼 16—17, 66, 115
Marcuse, Herbert 赫伯特・马尔库塞
cultural critiques 文化批判 6, 69—74, 77, 86 87, 89 90
Eros and Civilization (Marcuse)《爱欲与文明》(马尔库塞) 69—74
An Essay on Liberation (Marcuse)《论解放》(马尔库塞) 29, 71, 90—91
One-Dimensional Man (Marcuse)《单向度的人》(马尔库塞) 14, 86—87, 88
personal life/career 个人生活 / 学术生涯 3, 14, 84
philosophical interpretations 哲学解释 14, 29, 48
political critique 政治批判 14—15, 35, 56, 85—86, 88, 89—92, 101
utopian vision 乌托邦愿景 14, 69—74, 90
written work 著作 14, 29, 48, 69—74, 85—86, 90—92, 101
Marxism 马克思主义
on alienation and reification 论异化和物化 2, 35—36, 39—40, 97—98, 105
on capitalism 论资本主义 28, 40—43, 45
on culture industry 论文化产业 80
and dialectic of freedom 与自由辩证法 36, 37—43, 48
as inspiration to Frankfurt School 对法兰克福学派的启发 2—4, 20—21, 26, 36, 104
on revolutionary bourgeoisie 论革命的资产阶级 28, 52
on socialism 论社会主义 2, 21, 48—49
and theology 与神学 30—31
utopian visions 乌托邦愿景 2, 35, 48—49

参见 Western Marxism
Marx, Karl 卡尔·马克思
biography 人物简介 23
The Communist Manifesto《共产党宣言》28
Das Kapital《资本论》40—41, 60
Economic and Philosophic Manuscripts of 1844《1844 年经济学哲学手稿》35, 45, 48—49
grave site 墓地 104
smuggled writings 夹带出的著作 35, 42
mass culture 大众文化
Frankfurt School investigation of 法兰克福学派的研究 4, 7, 26, 80—81
impact on subjectivity 对主体性的影响 7, 77—79
Massing, Paul 保罗·马辛 11
mass media 大众媒体 79, 83, 85—86, 113
mass movements 大众运动
civil rights 民权 83, 91, 109
critical theory as influence on mass movements 批判理论对大众运动的影响 6, 7, 15, 89
Frankfurt School opinions on 法兰克福学派的观点 6—7, 12, 14, 17, 84, 89—91
Labor 劳工的 9, 26, 109
left-wing 左翼的 111
modern 现代的 90—91
right-wing 右翼的 111
role of public sphere in 公共领域扮演的角色 82—83
student 学生的 6, 18, 83, 84, 89
women's liberation 女性解放的 83, 109
mass society 大众社会
education 教育 5, 7, 22, 103, 111
loss of individuality in 个体性的丧失 5, 27, 49
power imbalances in 大众社会中的权力失衡 8, 102, 108
technology 技术 3, 37, 72, 86, 114
参见 mass culture
Materialism 唯物主义 24, 34, 99, 100
metaphysics 形而上学
in critical theory 批判理论中的 51—52, 60—61, 64, 99, 102
shortcomings of 缺陷 8, 24, 33, 104—105
metapsychology 元心理学 29, 73—74
Mills, C. Wright C. 赖特·米尔斯 115—116
Minima Moralia (Adorno)《最低限度的道德》(阿多诺) 29, 74, 82, 88, 93
modernity 现代性 52—53, 60
More, Thomas 托马斯·曼 74
Munzer, Thomas 托马斯·闵采尔 64
music critique 音乐批判 16—17, 80, 88, 93
Mussolini, Benito 贝尼托·墨索里尼 21

N

Naptha (fictional character) 纳夫塔(虚构人物) 66
nature 自然 55, 63, 67, 71, 107—108
Nazis/Nazism 纳粹分子/纳粹主义 5,

27, 45, 52, 60—61, 93—94
negative dialectics 否定辩证法 3—4, 7—8, 17, 54, 74, 84, 112
non-identity between individual and society 个人与社会之间的非同一性 7, 17, 97—99, 100
Negt, Oskar 奥斯卡・内格特 82
Neumann, Franz 弗朗茨・诺伊曼 101, 108
New Left 新左派 84, 85, 91, 100
Nietzsche, Friedrich 弗里德里希・尼采 4, 29—30, 54, 59, 71, 80—81
Nobel, Nehemiah 尼赫迈亚・诺贝尔 13

O

Odyssey (Homer)《奥德赛》(荷马) 53, 60—61
Ortega y Gasset, José 何塞・奥特加・伊・加塞特 80
Orwell, George 乔治・奥威尔 74

P

Pachter, Henry 亨利・帕赫特 49
performance principle 施行原则 70, 71
performative contradiction 践言冲突 102
phenomenology 现象学 4, 24, 33, 46
philosophy 哲学
critical theory as alternative to 批判理论作为替代 1, 4, 23, 100
as expression of inexpressible 作为不可表达之物的表达 93, 98, 116
as the highest incarnation of reason 作为理性的最高化身 38
ontology of false conditions 虚假条件的本体论 33, 96, 100, 103, 104—105, 112
traditional forms of 传统形式 1, 4, 23—24, 46, 100
Piccone, Paul 保罗・皮可尼 87
Plato 柏拉图 1
play impulse 游戏冲动 63, 70, 71
poetry 诗歌 17, 27, 72, 93
Pollock, Friedrich 弗里德里希・波洛克 9, 10, 101
Popper, Karl 卡尔・波普尔 59, 106—107
positivism 实证主义 4, 24, 46, 59, 107—108
progress 进步
and barbarism 与野蛮 5, 62, 72
illusion of 进步的幻象 5, 54—56, 97
material 物质的 71
meaningful 有意义的 77
proletariat/working class 无产阶级/工人阶级
alienation and reification of 异化与物化 39—42
and class consciousness 与阶级意识 20—21, 25—26, 28, 44—45, 60
as commodity 作为商品 40—42
effect of culture industry on 文化产业的影响 86, 89—90
Marx on 马克思论无产阶级/工人阶级 39—40, 52

political consciousness 政治觉悟 86—87
as revolutionary agent 作为革命代理人 3, 22, 23, 28, 42, 44, 48, 89—90, 105
role in capitalism 在资本主义中的角色 28, 39—42, 86
参见 Russian Revolution
Prometheus 普罗米修斯 36
Proust, Marcel 马塞尔·普鲁斯特 4, 16, 17
psychology 心理学 见 Fromm, Erich
public sphere 公共领域 8, 82—83
参见 mass movements

R

Rabinkow, Salman Baruch 萨曼·巴鲁克·拉宾科 13
radical action 激进行动
Frankfurt School on 法兰克福学派论激进行动 6—7, 15, 24, 65, 85
Marx on 马克思论激进行动 36, 42, 49, 52
reality principle 现实原则 70, 74
redemption 拯救
in art 艺术中的 93, 96
in everyday life 日常生活中的 30—31
new forms of 新形式的 30, 116
utopian visions of 乌托邦愿景 32, 36, 67—68, 75
Rehearsal for Destruction (Massing)《破坏的彩排》(马辛) 11
Reichenbach, Hans 汉斯·赖欣巴哈 59
Reichmann, Frieda 弗里达·赖希曼 12
reification 物化
causes of 原因 5, 35—43, *41*, 51—53, 61—62
critical theory on 批判理论论物化 2—3, 4—5, 46—48, 51—52, 55—56, 61—62
defined 定义 4, 40
erosion of selfhood in 自我的侵蚀 5, 39—43, 41, 53
in modern life 现代生活中的 84, 105—106
religion 宗教 2, 93
参见 theology
repression 压迫、压抑 70—71
repressive tolerance 压迫性宽容 85—86
resistance 反抗
as animating ideal of critical theory 作为批判理论的信念 4, 7, 8, 88, 98—99, 100, 116
existential form of 存在主义形式 100
integration by mass society 被大众社会所整合 5
revolutions 革命
in capitalist society 资本主义社会中的 28, 36, 48—49, 52, 66
and Lenin 与列宁 28, 44
and Marx 与马克思 48—49
modern catalysts for 现代催化剂 90
Rickert, Heinrich 海因里希·李凯尔

特 43
right-wing movements 右翼运动 111
Robespierre, Maximilien 马克西米连·罗伯斯庇尔 63
Romania 罗马尼亚 60
Rousseau, Jean-Jacques 让-雅克·卢梭 37
Russian Revolution 俄国革命 3, 11, 20, 22, 44, 56, 60
Ryazanov, David 大卫·梁赞诺夫 35

S

Sade, Marquis de 萨德侯爵 55, 59
Sartre, Jean-Paul 让-保罗·萨特 72, 95
Schiller, Friedrich 弗里德里希·席勒 63, 70
Scholem, Gershom 格肖姆·肖勒姆 16, 30
Schönberg, Arnold 阿诺德·勋伯格 80
Schopenhauer, Arthur 阿图尔·叔本华 4, 59
scientific inquiry 科学探索 3, 43, 54, 55, 106—107, 109—110
Simmel, Georg 格奥尔格·齐美尔 43
social democratic labor movement 社会民主主义劳工运动 83
socialism 社会主义
  and critical theory 与批判理论 8, 21, 48—49, 110
  inevitability of 必然性 2, 16, 21
  utopian visions of 乌托邦愿景 48—49, 67—68
The Sociological Imagination (Mills)《社会学的想象力》(米尔斯) 115—116
Socrates 苏格拉底 1
solidarity 团结 99, 102, 105
  as animating ideal of critical theory 作为批判理论的信念 98—99, 116
Soviet Union 苏联 60
  参见 Russian Revolution
Spartacus Revolt of 1919 1919 年斯巴达克团反叛 11, 14
Stalinism 斯大林主义 61, 65, 69
Stalin, Joseph 约瑟夫·斯大林 11—12, 38, 69
Sternberg, Fritz 弗里茨·斯特恩伯格 9
The Structure of Scientific Revolutions (Kuhn)《科学革命的结构》(库恩) 107
student movements 学生运动 6, 18, 83, 84, 89
  参见 mass movements
Studies in Prejudice (research project) “偏见研究”(研究项目) 11
subjectivity 主体性
  in alienation and reification 在异化与物化中 5, 39—43, *41*, 53
  enmeshed in what it resists 陷入它所反抗的事物 7

T

Telos (journal)《终极目标》(杂志) 87, 89
theology 神学

"longing for the totally other" "对全然的他者的渴望" 7, 92—93, 96, 98
protecting scientific inquiry from 保护科学探索远离神学 54
reframing Marxism through 以神学重塑马克思主义 30—31
Tiller Girls 蒂勒女郎 26—27, *26*
tolerance 宽容
repressive 压迫性的 85—86
utopian visions of 乌托邦愿景 54, 69, 111
Tolstoy, Leo 列夫·托尔斯泰 66
totalitarianism 极权主义 7, 11, 29, 59, 74, 97
totally administered society 全面管制的社会
and culture industry 与文化产业 80, 88, 94
individuality eradicated by 消除个体性 32, 62, 94, 95
and instrumental rationality 与工具理性 54, 62
and repressive tolerance 与压迫性宽容 85—86
resisting 反抗全面管制的社会 51—52, 64, 84, 92—93, 97, 104—105
standardization in 全面管制社会中的标准化 32
Trotsky, Leon 列昂·托洛茨基 60

U

United States 美国
conservatism 保守主义 14, 91
critical theory introduced to 引入批判理论 14, 89, 100—101
and fascism 与法西斯主义 59
Frankfurt School exiled to 法兰克福学派流亡到美国 11, 20
"paranoid" politics in 美国的"偏执"政治 5, 109
universal pragmatics 普遍语用学 102
universal reciprocity 普遍互惠 38
utopia 乌托邦
and alienation 与异化 36—37, 105
as always incomplete 固有的残缺 68—69, 75—76, 92
in art 艺术中的 14, 63—64, 66—67, 79, 80, 93
in *Eros and Civilization*《爱欲与文明》中的 69—72
everyday life as material for 日常生活作为乌托邦的素材 6, 31
and Frankfurt School 与法兰克福学派 4, 7
Garden of Eden as 伊甸园作为乌托邦 36, 67, *67*
and the individual 与个人 76
literary treatments of 文学对于乌托邦的处理 74—75
longing for 渴望乌托邦 64—69
as pastoral 作为伊甸园 36—37
redemption as key to 拯救作为乌托邦的关键 32, 36
and science 与科学 106, 107, 108
and socialism 与社会主义 48—49, 67—68
as transcendence 作为超越 92

V

Vico, Giambattista 詹巴蒂斯塔·维科 21

W

Wagner, Richard 理查德·瓦格纳 81
Weber, Max 马克斯·韦伯 33, 42—43, 54
Weil, Felix 费利克斯·韦尔 9
Weil, Hermann 赫尔曼·韦尔 9
Weimar Republic 魏玛共和国 25, 27, 45, 57
Western Marxism 西方马克思主义
condemnation by Communist International 共产国际的指责 21, 22, 45, 66
critical theory origins in 批判理论的渊源 2—3, 20—22
and Karl Marx 与卡尔·马克思 35—36
and liberalism 与自由主义 56
studies of alienation and reification 关于异化和物化的研究 4
Wittfogel, Karl August 卡尔·奥古斯特·魏特夫 9
workers' councils 工人协会 9, 21, 22, 44
World War II 第二次世界大战 1, 28

Z

Zamyatin, Yevgeny 尤金·扎米亚金 74

Stephen Eric Bronner

CRITICAL THEORY

A Very Short Introduction

In memory of Ernst Bloch

Contents

List of illustrations i

Introduction: what is critical theory? 1

1 The Frankfurt School 9

2 A matter of method 20

3 Alienation and reification 35

4 Enlightened illusions 51

5 The utopian laboratory 63

6 The happy consciousness 77

7 The great refusal 89

8 From resignation to renewal 100

Further reading 117

List of illustrations

1 Antiwar resisters **6**
National Archives

2 Max Horkheimer, Theodor Adorno, and Jürgen Habermas **10**
Photo by Jeremy J. Shapiro

3 The Tiller Girls **26**
Library of Congress

4 Machine Age poster **41**
Library of Congress

5 Goethe's oak tree in front of the prisoner's laundry at the Buchenwald concentration camp; illegal photo taken by inmate Georges Angeli **57**
Buchenwald Memorial Museum

6 The Garden of Eden by N. Courier **67**
Library of Congress

7 Audience at halftime of a football game **78**
Library of Congress

8 A scene from *Endgame* by Samuel Beckett **97**
Royal Court Theatre

9 Karl Marx's grave site in London **104**
Author's collection

Introduction: what is critical theory?

Philosophy has evidenced a subversive element from its inception. Plato's *Apology* tells how Socrates was condemned by the Athenian citizenry for corrupting the morals of the young and doubting the gods. There was some truth to that complaint. Socrates called conventional wisdom into question. He subjected long-standing beliefs to rational scrutiny and speculated about concerns that projected beyond the existing order. What became known as "critical theory" was built upon this legacy. The new philosophical tendency was generated between World War I and World War II, and its most important representatives would wage an unrelenting assault on the exploitation, repression, and alienation embedded within Western civilization.

Critical theory refuses to identify freedom with any institutional arrangement or fixed system of thought. It questions the hidden assumptions and purposes of competing theories and existing forms of practice. It has little use for what is known as "perennial philosophy." Critical theory insists that thought must respond to the new problems and the new possibilities for liberation that arise from changing historical circumstances. Interdisciplinary and uniquely experimental in character, deeply skeptical of tradition and all absolute claims, critical theory was always concerned not merely with how things were but how they might be and should be. This ethical imperative led its primary thinkers to develop a cluster of themes and a new critical method that transformed our understanding of society.

Critical theory has many sources. Immanuel Kant identified moral autonomy as the highest value for the individual. He provided critical theory with its definition of scientific rationality, and its goal of confronting reality with the prospects of freedom. Meanwhile Hegel understood consciousness as the motor of history, thinking as linked to practical concerns, and philosophy as "its epoch comprehended in thought." Critical theorists learned to interpret the particular with an eye on the totality. The moment of freedom appeared in the demand for recognition by the enslaved and the exploited.

Both Kant and Hegel incarnated the cosmopolitan and universal assumptions deriving from the European Enlightenment of the seventeenth and eighteenth centuries. They relied upon reason to combat superstition, prejudice, cruelty, and the arbitrary exercise of institutional authority. They also speculated about the humane hopes expressed by aesthetics, the redemptive longings of religions, and new ways of thinking about the relation between theory and practice. The young Karl Marx went even farther with his utopian reflections on human emancipation.

Critical theory was conceived within the intellectual crucible of Marxism. But its leading representatives were from the start dismissive of economic determinism, the stage theory of history, and any fatalistic belief in the "inevitable" triumph of socialism. They were concerned less with what Marx called the economic "base" than the political and cultural "superstructure" of society. Their Marxism was of a different variety. They highlighted its critical method over its systematic claims, its concern with alienation and reification, its complicated relationship with the ideals of the Enlightenment, its utopian moment, its emphasis upon the role of ideology, and its commitment to resist the deformation of the individual. This complex of themes constitutes the core of critical theory as it was conceived by the leading figures of "Western Marxism": Karl Korsch and Georg Lukács. These two thinkers provided the framework for the critical project that later became identified with the Institute for Social Research—or "the Frankfurt School."

Its principal members included Theodor W. Adorno, notable for his consummate knowledge of music and philosophy, who began his collaboration with the Institute in 1928, but did not become an official member until ten years later; Erich Fromm, a gifted psychologist, who started his nine-year collaboration in 1930; Herbert Marcuse, a philosopher with wide-ranging talents, who joined in 1933; Walter Benjamin, the most creative of these thinkers, who never officially was a member at all; and Jürgen Habermas, who became its leading philosopher in the aftermath of 1968 and surely the most prolific thinker associated with the Institute. Its guiding light, however, was Max Horkheimer. He brought together these extraordinary intellectuals in order to construct the interdisciplinary basis for a critical theory of society.

The Frankfurt School initially believed that its intellectual work would aid the practical prospects for revolutionary action by the proletariat. As the 1930s wore on, however, the revolution degenerated in the Soviet Union, and its prospects in Europe faded. Fascism had audaciously entered political life, and the humane hopes originally associated with modernity appeared increasingly naïve. The Frankfurt School registered this historical shift by subjecting long-standing leftist beliefs in the inherently progressive character of science and technology, popular education, and mass politics to withering interrogation.

The Enlightenment and Marxism were confronted from the standpoint of their unrealized ideals as the Frankfurt School refashioned the historical dialectic through insights gleaned from

Arthur Schopenhauer, Friedrich Nietzsche, Franz Kafka, Marcel Proust, Samuel Beckett, and the modernist heritage. Critical theory began the process of reclaiming forgotten utopian images and neglected ideals of resistance under circumstances in which the possibility for realizing them seemingly no longer existed. The result was a new form of "negative dialectics" whose popularity has only grown among contemporary academics.

The Frankfurt School had always considered establishmentarian philosophies as obstacles to bringing about a liberated society. Its members condemned the preoccupation with absolute foundations, analytic categories, and fixed criteria for verifying truth claims. They saw two main culprits: *phenomenology*, with its set ontological claims about how individuals experience existence, and *positivism*, with its demand that society be analyzed according to the criteria of the natural sciences. Both were attacked for treating society in a-historical terms and eliminating genuine subjectivity. Critical theory was intended as an alternative. It was fueled by a transformative intent and a particular concern with the culture of modern life.

Alienation and reification are the two ideas most commonly associated with critical theory. The former is usually identified with the psychological effects of exploitation and the division of labor, and the latter with how people are treated instrumentally, as "things," through concepts that have been ripped from their historical context. Pioneering studies of alienation and reification had already been undertaken by Western Marxists during the 1920s, but the Frankfurt School provided a unique sense of how these complex categories impacted upon individuals in advanced industrial society.

They investigated the ways in which thinking was being reduced to mechanical notions of what is operative and profitable, ethical reflection was tending to vanish, and aesthetic enjoyment was becoming more standardized. Critical theorists noted with alarm how interpreting modern society was becoming ever more difficult. Alienation and reification were thus analyzed in terms of how they imperiled the exercise of subjectivity, robbed the world of meaning and purpose, and turned the individual into a cog in the machine.

Auschwitz was seen as incarnating the most radical implications of alienation and reification. It was the watershed event that shattered optimistic assumptions about progress even more radically than the Lisbon earthquake did during the eighteenth century. With images of the Nazi concentration camps still fresh, Hiroshima and Nagasaki destroyed, new reports emerging about the Soviet Gulag, and McCarthyism on the rise in the United States, it appeared to the Frankfurt School as if Western civilization had generated not human development but an unparalleled barbarism. They knew that something more was required from radical thought than the usual stale critique of capitalism.

A bureaucratically administered mass society was apparently integrating all forms of resistance, obliterating genuine individuality, and generating personality structures with authoritarian predilections. Conformity was undermining autonomy. If capitalist development is connected with standardization and reification, then progress actually constitutes a form of regression. Illusions associated with the Enlightenment, uncritically accepted on the Left, thus required reexamination and modernity itself invited critique.

All members of the Frankfurt School agreed on the need for increased education to counteract authoritarian trends. But it remained unclear how effective such education might prove to be in a totally administered society. A new "culture industry"—arguably the most famous concept associated with critical theory—was constantly striving to lower the lowest common denominator in order to maximize sales. Authentic individual experience and class consciousness were being threatened by the consumerism of advanced capitalism. All this led Horkheimer, Adorno, and Marcuse to claim that the extent to which a work becomes popular—regardless of its political message—is the extent to which its radical impulse will be integrated into the system. These thinkers became champions of an experimental modernist art and, in the charged climate of the postwar period, an "Aesopian" form of convoluted writing that shielded their radical beliefs. Nevertheless, the esoteric and indirect style of critical theory only increased its appeal among radical intellectuals involved in the uprisings of the 1960s.

Critical theory always had an anticipatory character. Its advocates projected the transformation of everyday life and individual experience. The Frankfurt School not only contested

1. Radical intellectuals among the student movement of the 1960s were deeply influenced by critical theory and the Frankfurt School.

establishmentarian views of history, but projected a radical alternative. European radicals applied its ideas to reconfiguring the family, sexuality, and education. They sought to bring about a new utopian sensibility devoid of cruelty and competition. But the Frankfurt School split over the movements connected with the 1960s. Adorno and Horkheimer were skeptical. They questioned the counter-culture and the assault on tradition, the sporadic violence and the anti-intellectualism, as well as the comfort radical activists supposedly gave to the enemies of democracy. They identified the mass movements of the 1960s with those of the interwar period, and they associated utopian thinking with totalitarianism.

Genuine resistance now seemed to call for highlighting the negative moment within the critical tradition. Especially Adorno argued that the point was no longer one of merely refusing to identify freedom with any system, or collectivity, but rather of conceptualizing the "non-identity" (and heightening the tension) between the individual and society. Concern with organized resistance and institutional politics fell by the wayside in favor of an aesthetic-philosophical form of critique or, in the case of Horkheimer, a quasi-religious "longing for the totally other." The Frankfurt School still employed the method inherited from Hegel and Marx. Its most politically conservative members still viewed subjectivity as enmeshed within what it resisted: the commodity form, mass culture, and the bureaucratic society. But they cast new suspicions on universal claims, philosophical foundations, and the fixed narrative.

"Negative dialectics" anticipated many concerns associated with postmodernism and poststructuralism. So much so, in fact, that they are now often treated as expressions of critical theory. Deconstructive or poststructuralist approaches invaded the most prestigious journals and disciplines ranging from anthropology and film to religion, linguistics, and political science. They generated new insights on race and gender as well as the postcolonial world. In the process, however, critical theory lost its ability to offer an integrated critique of society, conceptualize a meaningful politics, and project new ideals of liberation. Textual exegesis, cultural preoccupations, and metaphysical disputations increasingly turned critical theory into a victim of its own success. The result has been an enduring identity crisis.

Critical theorists today must look backward in order to move forward. The Frankfurt School has enriched our understanding of the family, sexual repression, pedagogy, genocide, entertainment, literary analysis, and a host of other issues. But the critical tradition also has something to teach about the imbalances of power that mark the economy, the state, the public sphere, law, and global life. Even those thinkers who were most critical of the Enlightenment offer important grounds for a reasoned defense of it. The same holds true for liberalism and socialism. Clarifying conditions of oppression, opening avenues of resistance, and refashioning liberating ideals is still the province of critical theory. New *political* perspectives are required to accentuate the transformative prospects for change within a new global society. It is now a matter of subjecting the established forms of critical theory to the critical method. And that is as it should be. Only in this way is it possible to remain true to the original spirit of the critical enterprise.

Chapter 1
The Frankfurt School

The Institute for Social Research was founded in 1923. Growing out of a Marxist study group, which sought to deal with the practical problems facing the labor movement in the aftermath of the Russian Revolution, this first Marxist think tank was funded by Hermann Weil. He was an enlightened businessman, who made his fortune on the grain market in Argentina. The money was given at the urging of his son, Felix, who considered himself a "salon Bolshevik."

Felix Weil's close friends included Kurt Albert Gerlach. A social democrat and an economist, he would have become the first director of the Institute. Unfortunately, however, Gerlach died of diabetes. Carl Grünberg thus took over instead. He founded the first official publication of the Institute, the Archive for the History of Socialism and the Labor Movement, which published a number of significant works including Korsch's *Marxism and Philosophy* (1923). Grünberg was joined by Henryk Grossmann, Friedrich Pollock, Fritz Sternberg, and Karl August Wittfogel. All of them were communists. They were still nostalgic for the democratic workers' councils of 1918–1921, and they envisioned a German Soviet Republic. Their intellectual efforts offer a rich variety of views on capitalist breakdown, the new role of the state, and imperialism. But this group would fade into the background,

2. Three leading figures of the Frankfurt School: Max Horkheimer (*left*), Theodor W. Adorno (*right*), and Jürgen Habermas (*rear*). This is the only photo of them together.

and the general orientation of the Institute would change in 1930. That was the year in which Max Horkheimer brought together the new inner circle for what would become known as the Frankfurt School.

The inner circle

Horkheimer was born near Stuttgart into the family of a wealthy Jewish businessman. His early school years were undistinguished, and he left high school to work as an apprentice in his father's textile factory. In 1911, however, he made the acquaintance of Friedrich Pollock, who introduced him to philosophy and the social sciences, and who remained a life-long friend. Horkheimer finished high school after World War I. He flirted with communism, studied a variety of subjects at the University of

Frankfurt, and ultimately wrote a dissertation on Kant's *Critique of Judgment* (1790).

Horkheimer published very little prior to assuming his position as director. That changed following the triumph of Hitler in 1933 when he was busily attempting to relocate the Institute from Frankfurt first to Geneva, then to Paris, and finally to Columbia University in New York City. His essays of the 1930s concentrated on distinguishing critical theory from its philosophical competitors and demonstrating how liberal capitalism had betrayed its original promise by creating the psychological, racial, and political foundations of totalitarianism. Other works dealing with mass culture, instrumental rationality, and the authoritarian state paved the way for Adorno and Horkheimer's classic *Dialectic of Enlightenment* (1947). Horkheimer's thinking surely changed over the years. Nevertheless, he always retained his preoccupation with the impact of suffering and the liberating possibilities of individual experience.

Horkheimer also remained a champion of interdisciplinary research. Under his leadership, the Frankfurt School attempted to bridge the gap between normative theory and empirical work. His inaugural lecture of 1930 stressed that goal and, even while in exile, Horkheimer edited a multivolume interdisciplinary research project, Studies in Prejudice, for the American Jewish Committee. It included *Rehearsal for Destruction* (1949) by Paul Massing, which brilliantly analyzed the social origins of anti-Semitism in Imperial Germany; *Prophets of Deceit: A Study of the Techniques of the American Agitator* (1950) by Leo Lowenthal and Norbert Gutermann; and the classic *The Authoritarian Personality* (1950) by Theodor W. Adorno and a host of researchers.

Horkheimer's radicalism was inflamed by the Russian Revolution and the German Spartacus Revolt of 1919. But Stalin's purges and the emergence of a terror apparatus took their toll. Horkheimer ultimately broke not just with communism but with Marxism as well. His politics had shifted to the Right even before he brought the Institute back to Germany and served as Rector of the University of Frankfurt from 1951 to 1953. Horkheimer wound up opposing the anti-imperialist struggle in Algeria, supporting the Vietnam War, and denouncing the revolts associated with 1968.

At this point, his concern with the negation of misery took a new turn. Looking back to the Old Testament, which prohibited depicting the divine, he came to believe that preserving the idea of resistance was now possible only through the all encompassing negation of reality and the longing for emancipation. The sacred—or, better, the otherworldly—became the vantage point for confronting the profane. He took the critique of Enlightenment to its farthest extreme. Friends noted a growing flirtation with Catholicism. All links between theory and practice were sundered. Critical theory was already imperiled when Max Horkheimer died at the age of seventy-eight.

Erich Fromm was one of Horkheimer's closest friends from the early days. Fromm's specialty was psychology, but he was also deeply versed in theological matters. In fact, the psychoanalytic institute in Berlin that he established with his first wife, Frieda Reichmann, was dubbed the "Torah-peutikum." Fromm was a prolific writer and intellectually daring: he was among the very first to link the thought of Sigmund Freud with that of Marx. Today, however, Fromm is not taken very seriously. He is usually remembered for what his more academic critics considered "how to" books like *The Art of Loving* (1956)—that offered a responsible alternative to the way love is presented by mass culture; "feel good" works like *The Heart of Man* (1964)—that provided a counterweight to cynical assaults on Western culture; and supposedly superficial studies about international affairs like *May Man Prevail* (1961)—that sensibly called for the elimination of nuclear weapons and a tempering of the cold war spirit. Fromm's

Escape from Freedom (1941) is remembered for its penetrating analysis of totalitarianism. His grant inquiry into *The Anatomy of Human Destructiveness* (1973), however, has been unjustly forgotten.

Fromm grew up in an Orthodox Jewish family; he was instructed as a child by learned rabbis like Nehemiah Nobel and especially Salman Baruch Rabinkow. His dissertation was *The Jewish Law: Toward a Sociology of the Jewish Diaspora* (1922), and his earliest works treated religious themes: *The Sabbath* (1927) and, with a Marxian twist, *The Dogma of Christ* (1930). His interest in the psychological appeal and ethical impulse provided by religion never fully disappeared, in spite of the atheism he adopted during the 1920s, and he struck a popular chord with his humanistic reinterpretation of the Old Testament in *You Shall be as Gods* (1967). Fromm's attempt to develop a "materialist psychology" reflected the original commitment of critical theory to an all-embracing social transformation. Emphasis upon the practical character of psychoanalysis, its connection with resisting repression and fostering humanistic values, would mark his career.

Fromm helped found the Mexican Psychoanalytic Association in 1962, and he became one of the most influential figures in the development of psychoanalysis in Latin America. A staunch opponent of the Vietnam War and American imperialism, a supporter of countless progressive causes, Fromm advocated a non-bureaucratic and participatory form of "communitarian socialism." He was also unquestionably the finest stylist and the most lucid writer produced by the Frankfurt School. Fromm finally broke with the Institute in 1940. Other members of the inner circle clearly envied his popularity, though there were legitimate political and philosophical disagreements with him as well. By the end of his life, he had little to do with any of his former associates at the Institute. As much as any member of the Frankfurt School, however, Erich Fromm remained true to the concrete moment, the humanistic spirit, and the transformative purpose of critical theory.

Herbert Marcuse was his only real competitor as an intellectual influence on the New Left. Marcuse's political history reaches back over his time with the Office of Strategic Services from 1941 until the 1950s, where he played an important and progressive role in shaping American policy toward Western Europe, to his participation as a young man in the Spartacus Revolt of 1918–19. His early essays sought to link historical materialism with "historicity," or the phenomenological structures whereby social reality is experienced by the individual. Similar concerns informed Hegel's *Ontology and the Theory of Historicity* (1932), which contributed to a growing Hegel renaissance in Europe, while *Reason and Revolution* (1941) offered a seminal interpretation of the great thinker's relevance for critical theory. Marcuse also authored a number of stunning essays collections. Always cognizant of the utopian potential exhibited by art, yet still concerned with practical forms of resistance, Marcuse envisioned a break with the established order. Nevertheless, his speculative ventures were complemented by various sociological and political studies.

After joining the Institute for Social Research in 1933, Marcuse interrogated the liberal state, the connection between monopoly capitalism and fascism, and the degeneration of communism. His later work anticipated the role of the new social movements in response to the alienation of advanced industrial society. Optimistic concerning the prospects for change in 1968, he also envisioned the conservative reaction that followed. Concepts like the happy consciousness, repressive de-sublimation, and the great refusal were all popularized by him. His signature work, *One-Dimensional Man* (1964), virtually brought critical theory to the United States and, through its citations, introduced many young intellectuals to the Frankfurt School. Marcuse always saw himself as working within the tradition of historical materialism.

But he was flexible in his approach and was a prophet of cultural transformation. Herbert Marcuse incarnated the radical political moment of critical theory for a generation of young radicals in the United States and much of the world.

Walter Benjamin was—by contrast—unknown in the United States until the preeminent political theorist Hannah Arendt published a portrait of him in the *New Yorker* and edited his sterling collection of essays, *Illuminations* (1969). Benjamin thereafter became celebrated as a unique thinker of brilliance and uncanny insight. Another anthology of his essays, *Reflections* (1986), strengthened that assessment. Benjamin's writings range from his lovely autobiographical works *One-Way Street* (1928) and *Berlin Childhood Around 1900* (1950), which appeared originally as a set of newspaper articles in the 1930s, to an abstruse study of the Baroque titled *The Origins of German Tragic Drama* (1928) and his unfinished *Arcades Project* (1982), which comprised a few thousand quotations and offered a veritable hall of mirrors for understanding modernity. With the new popularity accorded postmodernism and other forms of philosophical subjectivism in the United States during the late 1970s, Benjamin's fame soon reached epic proportions: a library of secondary works has appeared, and almost every volume of his *Selected Writings* has become an academic bestseller.

Benjamin was another son from a wealthy Jewish family. Born in Berlin, he received his doctorate from the University of Bern in 1919. He then became an itinerant writer and never held a steady job. There is a sense in which Benjamin incarnated the Luftmensch—the impractical individual whose imagination has lifted him beyond the world. His work was marked by a preoccupation with the fungible character of language, the nature of memory, and the seemingly mundane experiences of everyday life like eating, storytelling, and book collecting. All of these, Benjamin believed, shed light on broader social trends. His explicitly political writings were uninspired and, as exemplified by the Moscow Diary of 1926–27, they offer little insight into the monumental events of his time. But it is a different matter when it comes to his studies on the poetry of Charles Baudelaire, the *Elective Affinities* by J. W. von Goethe, or the novels of Franz Kafka and Marcel Proust. The same holds for Benjamin's articles on architecture, photography, romanticism, and translation. His fascinating and provocative essays explore the aesthetic impact of modernity on individual experience and everyday life.

Influenced by both Gershom Scholem, his childhood friend who became a legendary scholar of Jewish mysticism, and the Marxist playwright Bertolt Brecht, Benjamin attempted to fuse a messianic outlook with what became a growing interest in historical materialism. Reacting against the fatalism of scientific socialism, contemptuous of its transformation of the classless society into an unattainable ideal, his concern was with reclaiming the metaphysical experience of reality and, ultimately, the unrealized utopian possibilities of history. That undertaking was plagued by an inability to articulate the barriers to liberation as well as the inconsistencies and mutually exclusive assumptions embedded in his general outlook. Yet there is little doubt that Walter Benjamin continues to inspire, frustrate, and educate especially young bohemian and radical intellectuals. His writings evoke exile in an age of "ruins," and his tragic suicide in 1940, while attempting to flee the Nazi invasion of France, puts a particularly dramatic stamp on his life.

Walter Benjamin had only one student, Theodor W. Adorno, who embodied the interdisciplinary ideal of the Frankfurt School and the image of the European intellectual. He seemed to know everything—and better than anyone else. Also born into a bourgeois family, but with a Jewish father and an Italian mother, Adorno received his doctorate in 1924. A musicologist who had studied with the great composer Alban Berg, and who was deeply influenced by Arnold Schönberg, Adorno edited a music journal during the 1920s and 1930s, and he later advised Thomas Mann on the sections dealing with music theory in *Doctor Faustus* (1947). Interpretations of great composers like Ludwig von Beethoven, Richard Wagner, and Gustav Mahler followed along with the classic *Philosophy of Modern Music* (1949).

Adorno was also a sensitive critic of literature and poetry and, arguably, was the most dazzling philosophical mind of the age. Committed to the notion of a negative dialectic, deeply skeptical of all systems and traditional understandings of narrative, he was intent upon articulating the inherently flawed character of civilization while rejecting every attempt to identify the individual with the collectivity.

Adorno wove these themes into his own all-embracing philosophical narrative. But he was also engaged in empirical research. Adorno's studies of radio and television, which illuminated the ideological impact of what most considered simple entertainment, complemented his work on the authoritarian and conformist tendencies of modern society. And he was a genuine master of the essay. His "On Popular Music" (1932) demonstrated the impact of the commodity form on the genre while his insightful and innovative interpretations of Beckett, Kafka, and Proust evinced his broader concern with a reflective understanding of experience.

Adorno sometimes dealt with political issues. But he was always fearful of mass movements. Negation assumed a value in its own right, and he identified resistance with securing the "non-identity" between the individual and society. Adorno's influence on contemporary understandings of critical theory is without parallel. No thinker better exemplifies its uncompromising commitment to the glimmer of freedom.

A word still needs to be said about Jürgen Habermas. This most exceptional student of Horkheimer and Adorno became the most prolific of all thinkers associated with the Frankfurt School. His writings touch upon all facets of social life, including religion, and his essays extend from interpretations of the philosophical canon to commentaries on the issues of the day. If his early works made important contributions to critical theory, however, his intellectual path ultimately led him in new directions.

Growing up under Nazism, which other members of the Frankfurt School did not, left Habermas with a deep belief in the rule of law and liberal democracy. It also marked his concern with the manipulation of discourse and the importance of "undistorted communication." These themes run through all his works. An important figure in the student movement of the 1960s, though never engaged with any of its extremist factions, his early writings offer critical meditations on historical materialism, institutional legitimacy, and the relation between theory and practice. The later writings of Habermas, by contrast, are increasingly enmeshed in analytic philosophy. They insist upon the need for grounding claims, formulating systemic arguments, and providing ontological characterizations of nature and science. The extent to which they break with critical theory is a matter of ongoing debate. Making that judgment, indeed, calls for examining the impulses animating the original enterprise.

Coda

The Frankfurt School was marked by a multiplicity in unity. Each member of its inner circle was different. Each had his particular interests and unique intellectual strengths and weaknesses. But they all shared a commitment to the same cluster of themes and concerns. No member of the inner circle ever identified freedom with any system, collectivity, or tradition—and all of them were skeptical about establishmentarian modes of thinking. All of them sought to deal with new problems by introducing new categories. Critical theory in their hands was marked by intellectual daring and an experimental quality. It was for them, in the first instance, always a matter of method. Horkheimer put it well when he wrote: "Critical theory in its concept formation and in all phases of its development very consciously makes its own that concern for the rational organization of human activity which its task is to illuminate and legitimate. For this theory is not concerned only with goals already imposed by existing ways of life, but with men and all their potentialities."

Chapter 2
A matter of method

Critical theory was coined as a term only in 1937. The Frankfurt School was by then in exile in the United States. Fearing political ostracism in their new home, while seeking to secure the Institute, its members employed the term as a cover. Critical theory had, after all, arisen within the framework provided by Western Marxism. Communists like Georg Lukács and Karl Korsch—who had been involved with the Institute from its inception—were among its leading representatives. Ernst Bloch also fits prominently into this tradition. All of them were inspired by the Bolshevik seizure of power in 1917 and the euphoria surrounding the European radical uprisings of 1918–1923.

Advocates of direct action by the working class, skeptical of parliamentary reformism, these activist intellectuals stressed the role of ideology in maintaining capitalism and the decisive character of class consciousness in overturning it. They highlighted the legacy of philosophical idealism for historical materialism as well as the link between Hegel and Marx. Western Marxists had no use for talk about textual orthodoxy or the fixed character of historical materialism. Lukács put the matter succinctly—and laid the basis for all future understandings of critical theory—in his great work, *History and Class Consciousness* (1923), when he wrote:

> Let us assume for the sake of argument that recent research had disproved once and for all every one of Marx's individual theses. Even if this were to be proved, every serious "orthodox" Marxist would still be able to accept all such modern findings without reservation. . . . Orthodox Marxism does not imply the uncritical acceptance of the results of Marx's investigations. It is not the "belief" in this or that thesis, nor the exegesis of a "sacred" book. On the contrary, orthodoxy refers exclusively to method.

Lukács had been a preeminent figure of cultural modernism in Hungary prior to World War I. He soon became perhaps the most prominent intellectual of the communist movement. *History and Class Consciousness* was the seminal work of Western Marxism, and it inspired virtually every major thinker in the critical tradition. But it is easy to understand why Lukács , Korsch, and other Western Marxists were condemned at the Fifth Congress of the Communist International in 1924. Their writings reflected the heroic years of the revolution: its workers councils, cultural experiments, and messianic hopes. They also undercut the certainty associated with scientific versions of socialism by sharply separating the inquiry into society from any inquiry into nature. In fact, Lukács liked to quote Giambatista Vico (1668–1744) that "the difference between history and nature is that man has created the one but not the other." With its utopian vision, its critical attitude toward finished philosophical systems, and its insistence upon proletarian empowerment, Western Marxism was expressive of what Bloch termed "the underground history of the revolution."

Human emancipation became its aim. The critical method was intent upon contesting "hegemony"—using the term made famous by Antonio Gramsci in his *Prison Notebooks* (published posthumously in 1971)—in all its forms. Among the founding members of the Italian Communist Party, who would languish and then die in prison at the hands of Benito Mussolini, Gramsci was not a major influence on the Frankfurt School, but his work throws Western Marxism into sharp relief.

Fundamentally concerned with civil society, its non-economic institutions, and its guiding ideas, he stressed how the dominant culture produces habits of subservience on the part of the ruled. He maintained that a counter-hegemonic strategy was required to empower the working class and, through new civic institutions, strengthen its self-administrative capacities. Such a strategy called for organization not merely from above, or through some rigid vanguard party divorced from the masses, but rather through the practical work of organic intellectuals dialectically bound to the proletariat.

Western Marxists shared this basic outlook. All of them were activists. All of them interpreted historical materialism as a theory of practice that should prove less descriptive than proscriptive. Their point was to clarify the changing conditions and preconditions for transformative action. That standpoint made it illegitimate for Marxists to carry over ideas and categories from one period to the next in mechanical fashion. Or, to put the matter another way, they forced historical materialism to exhibit its historical character.

Karl Korsch made a significant contribution to this view in *Marxism and Philosophy*. Clearly the least known representative of Western Marxism, he interpreted ideology less as some reflex of the economy than as lived experience that would impact upon action. Empowerment of the exploited rested upon consciousness, education, and practical experience. Radicalized by the Russian Revolution, inspired by the spontaneous upsurge of soviets and workers' councils, Korsch fostered a blueprint for radical economic democracy in his pamphlet *What Is Socialization?* (1919). He joined the German Communist Party (KPD) in 1920, assumed the post of minister of justice in Thuringia during the proletarian uprisings of 1923, and became an important influence upon organizationally homeless ultra-left intellectuals after he was purged from the Communist International in 1926.

The Materialist Conception of History (1929) was an attack upon all scientific understandings of Marxism, and Korsch never surrendered his belief in the need for proletarian empowerment. His last book, *Karl Marx* (1938), was a superb intellectual biography. Insisting that any idea can be interpreted for reactionary purposes, wishing to subject the communist revolutionary practices to its own ideals, Korsch highlighted the methodological importance of "historical specification." He treated Marxism no differently than any other form of philosophy. Its character and employment at any given time were understood in terms of the organizational interests, constraints, and opportunities for action provided by the historical context. No longer could it serve as an official dogma or as an immutable system with transcendental claims. Marxism, too, was open to manipulation—and critique.

In the 1937 essay "Traditional and Critical Theory," Horkheimer built upon these views. He considered the new outlook neither a finished logical system nor a set of fixed claims. Concerned with illuminating the neglected aspects of freedom, insistent upon the historically constituted character of reality, and already skeptical about the liberating mission of the proletariat, he conceived of critical theory as an alternative to the dominant philosophical paradigms. Other forms of thought were seen as affirmative of the existing order in spite of their self-proclaimed neutrality and objectivity. Insofar as they ignored its historically constituted character and the possibility of an alternative (whether consciously or unconsciously), they were seen as justifying its workings.

Traditional theory was, therefore neither as neutral nor as reflective as its advocates tended to believe. Social interests were hidden within the philosophical discourse and, if only for this reason, the established approaches could not simply be dismissed out of hand. Immanent criticism was required to demonstrate how the premises of contending philosophical outlooks were tainted by the values of the existing order.

Horkheimer had already confronted two popular strains of mainstream philosophy in these terms with his seminal essay "Materialism and Metaphysics" (1933). Materialism in the form of positivism and its offshoots was condemned for dismissing subjectivity and ethical concerns while analyzing society through categories and criteria derived from the natural sciences. Metaphysics was, by contrast, castigated for ignoring the philosophical relevance of the material world and employing universal precepts to enable the individual—whether through what Kant termed "practical reason" or what Heidegger understood as phenomenology—to indulge in what are ultimately intuitive moral judgments.

These seemingly opposed philosophical outlooks were seen by Horkheimer as flip sides of the same coin. Each is mechanically defined by what it opposes. Yet they converge in their contemplative preoccupation with philosophical foundations, unalterable categories for interpreting reality, and fixed notions for verifying experience or truth claims. To be sure, scientific rationality was considered the more pernicious of the two by the Frankfurt School. Nevertheless, its members originally chastised them both for their blindness to critical reflection, history, and the utopian imagination.

Critical theory was intended as a general theory of society fueled by the desire for liberation. Its practitioners understood that new social conditions would give rise to new ideas and new problems for radical practice—and that the character of the critical method would change along with the substance of emancipation. Highlighting the context for practice thus became a core concern for the new interdisciplinary approach of the Frankfurt School. In turn, this led its members to reject the traditional separation between facts and values.

Critical theory would treat facts less as isolated depictions of reality than as crystallized historical products of social action. The aim was to understand a fact within the value-laden context wherein it assumes meaning. Lukács had already placed the category of totality, or what Marx termed "the ensemble of social relations," at the center of historical materialism. The totality was seen as comprised of various moments with the economy serving as merely one among others like the state and a cultural realm that itself could be divided into religion, art, and philosophy. Each moment is shaped by the totality but each is also understood as having its unique dynamic and, as a consequence, an impact upon the practice of those agents (like the working class) intent upon transforming reality. Each moment thus needs to be taken seriously.

Fromm made this idea his starting point in "Psychoanalysis and Sociology" (1929) and "Politics and Psychoanalysis" (1930). These two early essays noted the impact of society on how the ego is organized, how the psychic apparatus affects the development of society, and the extent to which psychology can aid the political confrontation with inhuman conditions. Fromm also sought to show how psychological attitudes mediated the relation between the individual and society.

Escape from Freedom, his most famous work, analyzed the market character generated by capitalist society and its sadomasochistic variant as a specific response to the cultural crisis of the Weimar Republic. This work spoke to the alienating impulses of modern life that produced the desire to identify totally with a leader. His materialist psychology already found expression during the late 1920s in *The Working Class in Weimar Germany*, a massive empirical study that dealt with the debilitating impact of traditional attitudes, familial relations, and social life on revolutionary class consciousness.

Critical theory resurrected the concern with ideology and its practical impact. *History and Class Consciousness* showed how an unacknowledged class standpoint prevented even the giants of bourgeois thought from dealing with the social causes of alienation and reification. Korsch insisted, meanwhile, that all the variants of Marxism needed to be seen in relation to developments in the labor movement at any particular point in time. The Frankfurt School began to analyze mass culture, the state, reactionary sexual mores, and even philosophy with regard to their effects on consciousness. Highlighting how everyday artifacts illuminate the character of society and the cultural trends of an epoch quickly proved of particular interest for its members and associates. Critical theory sought to make good on the injunction of the young Marx and engage in a "ruthless critique of everything existing." Its leading representatives insisted that the whole could be seen in the particular and the particular reflected the whole.

"The Mass Ornament" (1927) by Siegfried Kracauer, for example, noted how the geometric patterns and highly orchestrated

3. The Tiller Girls danced in tightly orchestrated geometric patterns that seemed to reflect the increasing administration and standardization of modern society.

movements of a dance troupe known as the Tiller Girls (anticipating the Rockettes of Radio City Music Hall) reflected the regulation of audiences and the loss of individuality in mass society.

Close friends with Benjamin and Adorno, and loosely associated with the Frankfurt School, Kracauer authored a self-styled "social biography"—*Jacques Offenbach and the Paris of His Time* (1937)—that placed the music of the great composer in the context of the parliamentary revolt of 1832 with an eye on the antifascist Popular Front. His classic *From Caligari to Hitler* (1947), meanwhile, would illustrate how Nazi themes increasingly penetrated the German films of the Weimar Republic.

Other thinkers followed suit. "The Storyteller" (1936) by Walter Benjamin discussed the erosion of the oral tradition and the imperiled character of historical experience in relation to the new technological possibilities for reproducing art in modern society. "Lyric Poetry and Society" (1957) by Theodor W. Adorno innovatively interpreted the ideological residues of a poetic genre usually considered insulated from external forces. In a similar vein, Leo Lowenthal viewed the increasing lack of individuality among movie stars as reflecting the growing power of the commodity form in his essay collection, *Literature and Mass Culture* (published 1984). He also offered an elegant sociological inquiry into the emergence of the bourgeois mentality through major literary characters in *Literature and the Image of Man* (published 1986).

All of these works evince the influence of the sociology of knowledge whose leading figure, Karl Mannheim, held seminars in the Institute for Social Research. His major work, *Ideology and Utopia* (1931), argued that even the most universal and utopian mode of thought is ideological insofar as it inherently reflects the interests of a particular social group or class. Only the "free-floating intelligentsia" is seen by Mannheim (who was also deeply influenced by Lukacs) as capable of grasping the totality.

Horkheimer dealt with all of this in "The Social Function of Philosophy" (1939). He objected to the mechanical reduction of philosophy to sociology, Significantly, however, he avoided directly confronting the idea of a free-floating intelligentsia. That only makes sense. Horkheimer took pride in the political independence of the Institute. He also maintained that the critique of ideology employs speculative norms for judging how ideas express particular social interests. It evaluates cultural phenomena in terms of both how they justify the existing order and contest the abolition of exploitation and unhappiness.

Critical theory can be understood as presenting a version of the sociology of knowledge with a transformative intent Marx had understood capitalism as an economic system in which the working class serves as the producer of wealth (or capital). If only for this reason, the proletariat constitutes the only force capable of transforming the system. In *The Communist Manifesto* (1848), however, Marx and Engels insisted that revolutions are possible only if elements of the ruling class break off and join the struggle of the oppressed. Insofar as the working class is entrapped by capitalism, and material misery stunts its consciousness, bourgeois intellectuals are needed to provide the proletariat with a systemic critique of capitalism and consciousness of its revolutionary possibilities. Lenin drew the radical implications.

The Frankfurt School was sympathetic to communism during the 1930s. Its members did not yet offer an outright critique of technological rationality. They were content to argue that the dominance of instrumental reason was merely an expression of capitalist social relations. As communism turned totalitarian, however, the Frankfurt School became disillusioned, and its critique of the reification process intensified. The Hitler-Stalin Pact of 1939 that unleashed World War II was the last straw. Practice had betrayed theory. The teleological claims of historical materialism now seemed as barren as the ethical imperatives of idealism. Social transformation was no longer the issue.

Totalitarianism turned the preservation of individuality into the central preoccupation of critical theory.

New motivations and forms of resistance were required. Horkheimer's early collection of aphorisms, *Dawn*, had already interpreted empathy and compassion as concrete needs and as ethical impulses for action. His thinking was in accord with the criticism that David Hume once made with regard to the philosophy of Kant: animals should be protected, the great Scottish philosopher claimed, not because they think but because they suffer. Emotional experience was thus interpreted as a source of resistance and liberation. Benjamin wrote about how surrealism with its reliance on the powers of the unconscious generates a revolutionary "intoxication" that responds to a stultifying "poverty of the interior."

Adorno gave his *Minima Moralia* (1951) the subtitle "reflections of a damaged life." Issues of love and personal fulfillment would play an ever more profound role in Fromm's later writings while Marcuse ultimately developed the idea of a "new sensibility" in *An Essay on Liberation* (1972). The Frankfurt School was now engaged in redeeming the repressed potential within the lived life of the individual.

Contempt for cruelty and the desire to live an upright existence inspired its intellectual efforts. All its members showed an explicit interest in abolishing not merely social injustice but the psychological, cultural, and anthropological sources of unhappiness. Intellectual support for this undertaking derives from a plethora of sources. The Frankfurt School was audacious in its attempts to assimilate the insights of diverse thinkers into the framework of historical materialism. Its members looked to Freud either for his metapschology, which might underpin their critique of civilization, or for insights deriving from his clinical work. Like the rest of their generation, moreover, leading figures of the Frankfurt School were also inspired by Nietzsche for his resurrection of subjectivity, his "perspectival" approach, his contributions to modernism, and his searing criticisms of the cultural philistine. These thinkers would help deepen the philosophical and cultural outlook of the Frankfurt School. Whether their views fit logically into some prefabricated system of historical materialism was considered immaterial.

Walter Benjamin actually sought to refashion Marxism by framing its revolutionary commitments in theological terms. In his "Theses on the Philosophy of History," written shortly before his death in 1940, the Messiah can appear at any moment in time; exigencies and constraints give way before the possibilities of the pregnant "now-time" (*Jetztzeit*); the revolution becomes an apocalyptic "leap into the open skies of history." Indications of how all this might be achieved—or even what is concretely implied—are lacking. Symbols trump reality: the imagination runs wild. Redeeming the forgotten moments of history now becomes the goal of critique. Benjamin conceived of history as "one single catastrophe that keeps piling wreckage upon wreckage." Only from the standpoint of a messianic materialism are the shards of that catastrophe open to redemption.

Gershom Scholem was on target when he called his friend a "theologian marooned in the realm of the profane." What remains from Benjamin's investigations is less an explicit method than an ill-fated attempt to blend the theological reclamation of experience with the revolutionary kernel of historical materialism. He often made use of modernist techniques, and he was inspired by the emphasis upon subjectivity offered not only by expressionism and surrealism but by romanticism and the baroque. His injunction to "never forget the best" was coupled with his desire to "rub history against the grain." Discarded fragments reveal the possibility for an apocalyptic redemption of undefined stature that might occur at any moment—or, more likely, never.

Everyday life serves as the material for utopia, and no preconceived plan or set of universal concepts can suffice for its determination. Utopia derives from the imaginative will to reconfigure what Benjamin called the "rubbish" of history—the look of a forgotten boulevard, postage stamps, children's literature, eating, collecting books, the euphoria of hashish, memories of revolutionaries shooting at the clocks. Montage and stream of consciousness were most appropriate for generating the kind of "revolutionary intoxication" that led those radical street-fighters of 1789 to indeed shoot at clocks embedded in the towers above them. The real changes its face in the light of future redemption. The imaginative will—theological in origin—shatters the material constraints of history. Each moment of time is the door through which the Messiah might pass.

The question is how best to open it. To remember the best requires a distinctly hermeneutical approach predicated on the assumption that "allegory is to language what ruins are to things." Civilization offers only hints and traces of what utopia must redeem. In keeping with the famous painting *Angelus Novus* (1920) by Paul Klee, wherein the angel of history with face turned to the past is nonetheless propelled into the future. Benjamin owned the painting and was proud of it. That painting ultimately became an icon of the Left. In his "Theses on the Philosophy of History," Benjamin described this angel in the following way:

> His face is turned toward the past. Where we perceive a chain of events, he sees one single catastrophe which keeps piling ruin upon ruin and hurls it in front of his feet. The angel would like to stay, awaken the dead, and make whole what has been smashed. But a storm is blowing from paradise; it has got caught in his wings with such violence that the angel can no longer close them. The storm irresistibly propels him into the future to which his back is turned, while the pile of debris before him grows skyward. This storm is what we call progress.

Redemption is now the key to utopia. Critique recalls what history forgets by rummaging around the ruins and putting the garbage to use in sparking the imagination. The totality now makes way for a "constellation" of juxtaposed empirical facts that illuminates a particular theme or concept for which members of the audience must provide ever-changing connections and interpretations. Benjamin's unfinished and posthumously published *Arcades Project* is an expression of this outlook. Its attempt to offer an "ur-history of modernity," by providing thousands of quotations without authorial commentary, projects a transcendent narrative constructed through fragments and fashioned with an ever-shifting gaze on the reader's desire. Existing within an experiential "horizon," seemingly preserved from the imposition of external categories, these quotations constitute a grand montage. If the totally administered society is standardizing thought by rendering it formulaic, then redemption cannot be found in the simple narrative form. Only aphorisms or fragments allow for the evanescent moment in which utopian glimpses can be illuminated. The mediated totality surrenders in favor of the individually structured constellation as the organizing principle of critical theory.

"The Actuality of Philosophy," which Adorno presented as his inaugural lecture to the Institute in 1931, used it to challenge the totalizing outlook of Hegel and Marx. The constellation offers no structured narrative or overarching logic that might provide a consensual view of what is being presented. Each member of the audience can put an interpretive stamp on the fragments as if he or she were looking at a collage or surrealist painting. Benjamin's *Arcades Project* crystallizes the constellation. His interpretation of modernity contests the rational presumptions of a seemingly integrated world that is actually dominated by rupture and incoherence.

Critical theory shifts its focus: its aim is now to awaken the individual from the intellectual slumber into which he or she has been socialized. Subjectivity is no longer considered identical with or capable of being defined by any category. In *The Jargon of Authenticity* (1964), for example, Adorno insists that even existential phenomenology standardizes experience and that ontologically structured intuitions—especially of the sort connected with dying and death—substitute individuation for individuality. Divorcing experience from critical reflection creates an opening for ideology and compromises the ability to resist what Adorno termed the "ontology of false conditions." But the assault on system, logic, and narrative by Benjamin and Adorno carry a price: it undermines the ability to generate criteria for making ethical and political judgments thereby threatening to plunge critical theory into relativism.

In *The Philosophical Discourse of Modernity* (1987), Jürgen Habermas sought to confront these philosophical problems. He questioned the emphasis on a free-floating subjectivity of resistance and insisted upon explicit foundations for any genuinely critical theory of society. Better to rely on the structure of language—or communicative action—for grounding reciprocity, reflection, and universality. But this form of critique gives too much ground to establishmentarian forms of philosophy. It remains stuck in analytic concerns–the argument remains defined by what it should oppose.

Max Weber was one of the most important influences on critical theory in general and the Frankfurt School in particular. He never wrote a work fully articulating his method and the debate continues with regard to its character. His healthy skepticism of treating practical matters in metaphysical terms, however, serves as a useful corrective for the aesthetic and philosophical obsessions that have shaped critical theory in our supposedly postmetaphysical age. Toward the end of his life, indeed, Weber supposedly remarked that: "Method is the most sterile of all concerns.... Nothing was ever accomplished through method alone." He was right.

The Frankfurt School originally saw itself articulating a new form of materialism infused with critical reflection, a capacity for fantasy, and the prospect of resisting an increasingly bureaucratized world. But it became ever less clear what practical purposes its speculative inquiries were meant to serve. The understanding of resistance grew increasingly vague. It was as if the real conflicts of interest, the real imbalances of power, were vanishing within a totality defined by alienation and reification.

Chapter 3
Alienation and reification

An extraordinary intellectual event took place in 1932. That was the year in which Karl Marx's *Economic and Philosophic Manuscripts of 1844* were finally published, accompanied by a superb review from Herbert Marcuse, in the Institute's *Journal for Social Research*. The collection had been smuggled out of the Marx-Engels Institute in Moscow by its director, David Ryazanov, who was obviously risking his life, considering the political climate at that time. These manuscripts, when coupled with other writings of the young Marx, quickly achieved international renown. They served to justify many of the arguments made by Western Marxism in general and Georg Lukács in particular.

The writings by the young Marx evidence a utopian quality. They give precedence to the anthropological and existential elements of human misery rather than capitalist exploitation of a purely economic sort. Alienation has its roots in an inability to grasp the workings of history and subject them to human control. The division of labor expresses this situation. It leaves workers increasingly divorced from the products they produce, their fellows with whom they work, and—ultimately—their possibilities as individuals. Eliminating private property is thus not an end unto itself but only a stepping stone to claiming control over history.

The young Marx offers an apocalyptic vision. Political emancipation in the liberal state is subordinated to the ideal of human emancipation in a classless, free association of producers. Fostering individual autonomy—perhaps *the* ethical aim of the revolutionary bourgeoisie—is assimilated into a concern with realizing the new communal and organic notion of "species being." Improving working conditions in a world of scarcity, or "necessity," makes way for a "leap into the realm of freedom." Alienation and, implicitly, reification now become the targets of radical activity. Ideas such as these transformed the popular understanding of Marxism, gravely embarrassed the communist regime, and inspired the Frankfurt School no less than the intellectual radicals of 1968.

The roots of unhappiness

Alienation has a long history. Its connection with utopia already appears in the biblical expulsion of from Eden. The story of paradise lost precedes the loss of objects to the world of commodity exchange. The biblical allegory justifies the fallen state of humanity and explains why people are condemned "to earn their bread by the sweat of their brow." It also shows why trust between individuals has been lost, nature appears as an enemy, and—interestingly enough—redemption becomes possible. Unity and harmony are forfeited. Adam and Eve exhibited free will. They brought about their expulsion from Eden—by succumbing to evil. Perhaps different choices might bring about the re-creation of paradise. Prometheus may have sought to make good on that hope: there is a reason why he was Marx's favorite mythical character. But Prometheus was condemned for his hubris by a wicked god as surely as those who sought to build the Tower of Babel.

Paradise has always been identified with the pastoral. The garden was the world in which the organic connection between humanity and nature was secured. The arts and sciences, wealth, and technology may foster civilization but—as Jean-Jacques Rousseau famously argued in his *Discourse on the Arts and Sciences* (1750)—they fragment the organic community and produce an antagonistic relationship between humanity and nature. Artificial needs are thereby created that corrupt the natural virtues like decency, simplicity, kindness, and honesty. Only a thoroughly regenerated society might restore these values and overcome the loneliness and sense of meaninglessness experienced by individuals—as well as the prospect of death.

A host of thinkers from St. Augustine to Rousseau, and especially Rousseau's followers among the Romantics, explored these themes. The basic idea is perhaps best expressed by Friedrich Hölderlin—a close of friend of the young Hegel and much beloved by later critical theorists—who wrote in *Hyperion* (1795):

> You see craft-workers, but no genuine people; thinkers but no people; priests, but no people; lords and servants, youths and persons of property but no people. Is this world not like a battlefield on which hands, arms, and limbs of all sorts lie strewn amid one another while their spilled life-blood runs into the sands?

Yet, it was G. W. F. Hegel who offered the first systematic analysis of alienation. He believed that alienation exists insofar as humanity is estranged from its normative ends, and its creations escape its conscious control. World history is the stigmata suffered by consciousness whose purpose is to appropriate anew what humanity has unwittingly produced. Rooting alienation within the structure of consciousness can be seen as insulating it from reality. But Hegel's recognition of the subjective powers lurking behind the world of objects expressed the fundamental desire of idealism that the estranged world should be transformed into a human one. Hegel's principal concern was the way in which social action escapes conscious direction and history occurs, so to speak, behind the back of humanity.

Entire civilizations appear and disappear, consequences are turned against intentions, and the finest achievements of intellectual life and politics are paid for in blood. Hegel understood history as a "slaughter-bench" even though the realization of human freedom is pre-ordained. Such a realm can be defined as one in which each individual is fully recognized as a subject in his or her own right. Universal reciprocity ultimately becomes incarnated in a bureaucratic state under the rule of law, a civil society based on the market in which all enter freely and equally, and a nuclear family in which each subject is emotionally embraced as such. Reason projects such a realm of all-inclusive reciprocity because philosophy, the highest incarnation of reason, was believed by Hegel to embody a sense of universality from the time of Socrates.

Abolishing alienation thus involves redeeming the miseries of history, which Hegel called the "Calvary of the absolute spirit." But he was no utopian. Realizing freedom is the culmination of a teleological process wherein the arbitrary exercise of power is negated in a new state governed by the rule of law. Conflict and existential alienation remain even at the "end of history" insofar as individuals must still confront their own mortality. The constitutional state simply creates the space in which they can finally concentrate upon their most private concerns free of external interference. Alienation and reification continue to exist in the exploitative class relations of civil society.

Hegel's thinking remains stuck at the level of the state. This is due not merely to class interest. His inability to deal with alienation in terms of its roots in the capitalist production process also has an existential component: to engage the material character of alienation would involve denying the bourgeois aims of his entire project. Alienation thus finds its way into the philosophy seeking to abolish it. Workers councils, the classless society, and the end of what Marx termed "pre-history" are not on the agenda. Even the greatest bourgeois philosophers were incapable of envisioning political institutions capable of subordinating the workings of society to those who produce it.

Hegel noted in *The Phenomenology of Mind* (1807) that the lords and masters of every historical epoch have an existential and material interest in preventing such consciousness from coming about. They seek to make their servants and slaves believe in their dependence upon them, their masters, through ideological and institutional means. This was the point of departure for Hegel and the young Marx. The critical method becomes the tool by which the servants and the slaves—and the masses of the proletariat—realize their power as producers of the particular order from which the lords and masters alone genuinely benefit. Abolishing alienation thus depends upon the consciousness of the slave—or, better, the worker.

The young Marx believed that talk about the virtues of the state, or realizing some prefabricated idea of freedom through imprecise categories like master and slave, or rich and poor, only stunts consciousness about the source of alienation and how it is maintained. In the *Economic and Philosophic Manuscripts of 1844*, therefore, Marx insisted that "only when the objective world becomes everywhere for man in society the world of man's essential powers—human reality, and for that reason, the reality of his own essential powers—can all objects become for him the objectification of himself, become objects which confirm and realize his individuality."

Hegel claimed that the whole is true. He argued that freedom had been realized in the bourgeois state under the liberal rule of law. According to Marx, however, the proletariat contests this assumption. The very existence of this disenfranchised and exploited class demonstrates how freedom has been truncated. The structural domination of this class is ignored. Capitalism is understood by the bourgeois as resting on egoistic assumptions with the individual as the primary unit of productive activity. But this view makes it become impossible to conceptualize the constitution of social reality and the contradictions of its economic production process. If religion produces a situation in which humanity is dominated by the products of its brain, which is what Marx learned from Ludwig Feuerbach, then, under capitalism, humanity is dominated by the products of its hands.

Marx believed that the working class was growing poorer even while bourgeois society was growing richer. The proletariat was also becoming more spiritually impoverished. It was becoming an appendage of the machine. Individuality, creativity, solidarity were all being eroded for the great bulk of humanity. The imperatives of capitalist production call for viewing it merely as a cost of production that must be kept as minimal as possible. Maximizing profits also requires the division of labor whereby each member of the working class is separated from others on the assembly line, kept from learning other tasks and developing his or her full potential, and conceptualizing the product that is ultimately being produced. This same division of labor infects the modern state. Mathematical formulae define profitability and efficiency in transhistorical terms without recognizing structural conflicts of class interest. Society is thereby robbed of its historical, fungible, and changeable character.

Alienation defines the totality whose perpetuation rests on turning people into things—or reification. Capitalism increasingly strips human beings of their humanity. It treats the real subject engaged in the production of commodities (the proletariat) as an object even as it turns the real object of its productive activity (capital) into the fictive subject of modern life. Inverting this "inverted world"—an idea that Marx borrowed from Hegel—is possible only by abolishing what in *Das Kapital* is termed "commodity fetishism." Or putting it somewhat differently, abolishing alienation calls for abolishing reification. This requires

4. Alienation and reification destroy subjectivity and turn the worker into a cost of production.

consciousness of what is to be transformed. The world must be thought anew.

The young Marx raised the revolutionary stakes. Human misery is the target of radical action even if capitalism increasingly brings it to fruition. Bureaucracy, money, and instrumental thinking have anthropological roots even if the new production process intensifies their dominance. The lowly and the insulted have been treated instrumentally since time immemorial. The commodity form and bureaucracy reach back to the stock exchange of ancient Rome and the hierarchy of the Roman Catholic Church. The implication is clear. Workers cannot remain content with the desire for liberal democracy, social reform, and narrow calculation of economic interest, The proletariat must now understand itself as the subject of historical action—not merely the object of external forces—whose purpose is the abolition of alienation and class society.

The young Marx had sketched this vision. Insofar as his writings were unknown prior to 1932, however, the seminal influence on Lukács and later on other critical theorists in formulating (if not solving!) the problems of alienation and reification was Max Weber. A tortured academic who authored the classic *Protestant Ethic and the Spirit of Capitalism* (1905), a liberal with nationalist and imperialist sympathies, Weber's famous lecture "Science as a Vocation" (1918) envisioned a world in which the hopes of the Enlightenment were "irretrievably fading" and society was increasingly dominated by "specialists without spirit" and "sensualists without heart." Instrumental rationality employs a mathematically defined notion of efficiency predicated upon rendering all tasks routine. Modern life would increasingly privilege the use of expertise and narrowly circumscribed areas of responsibility within a hierarchical chain of command. The ability to grasp the whole would vanish; what the Germans call the disciplinary idiot would supplant the intellectual; and ethics would be relegated to a domain outside of science and political life. Weber imagined the future as a bureaucratic iron cage—even if he never explicitly used the term so often associated with him—that would ever more surely marginalize authentic subjectivity.

Apocalypse and metaphysics

As young men, Bloch and Lukács frequented Weber's famous salon in Heidelberg where they came to know Emil Lask, Heinrich Rickert, and Georg Simmel. All of them were concerned with the alienated structure of modern society and the implications of reification as well. The influences of Weber and his circle became apparent in the first version of Bloch's *Spirit of Utopia* (1918) and Lukács's *Theory of the Novel* that was written in 1915 and published in 1920. Indeed, Bloch liked to say that he wrote half of the one while Lukács wrote half of the other. Both works exemplify what Lukács later called "romantic anti-capitalism."

The term was meant to identify a critical encounter with capitalism whose ignorance about how it actually functions produces either apocalyptic visions or a withdrawal into the self. That is because romantic anti-capitalism tends to blend left-wing politics with right-wing epistemology. This was surely the case with *Theory of the Novel* and *Spirit of Utopia*. Yet they remain seminal works.

Reflection upon the alienation of modern life, an apocalyptic sensibility, and a withering critique of modernity constitute their intellectual legacy for critical theory. Each stressed the increasing fragmentation of life and that human relations between people were breaking down. Each anticipates a new form of solidarity based on the quest for authentic experience (or better its loss) and an apocalyptic sensibility. Each offers a new philosophy of history that contests positivism and the infatuation with science. Each also champions a kind of aesthetic-philosophical outlook and a new beginning for a Western world that has been plunged into barbarism.

In his little study *Lenin* (1924), Lukács stressed that the Bolshevik leader was marked by his commitment to the "actuality of revolution." *What Is To Be Done?* (1902) by Lenin had championed the idea of a vanguard party of dedicated political intellectuals to preserve the revolutionary ideal from reformist temptations. In 1914, he was alone in calling for the transformation of a war between nations into an international class war. "All Power to the Soviets!" was Lenin's revolutionary slogan in 1917, and his *State and Revolution* (1918) envisioned a communist state that is no longer a state in the proper sense of the word. Lenin's Bolsheviks appeared to usher in a "wind from the East" that was destined to sweep away a decadent civilization. His organizational vision seemed part and parcel of a politics in which everything seemed possible. The proletariat—or, better, the proletariat under the auspices of the vanguard party—might just prove to be the new subject-object of history.

History and Class Consciousness expressed the longing for regeneration and renewal that accompanied the Russian Revolution. It was the same with the writings of Korsch, and also Gramsci, though they lacked the metaphysical apparatus and apocalyptic language. All of them projected the vision of a liberated world arising from the Russian Revolution and the accompanying European uprisings that occurred in its wake from 1918 to 1923. Liberal republicanism paled in comparison with the drama surrounding the participatory democracy of workers' councils, the elimination of money and rank, and the manifold cultural experiments with a utopian flavor. Only a communist vanguard, whatever the empirical consciousness of the actual proletariat, was considered capable kind of bringing the world of alienation to an end.

Following its appearance in 1923, however, *History and Class Consciousness* became the target of intense criticism. Viewing the proletariat (or, better, the communist party) as the subject-object of history was considered a utopian outgrowth of idealism—not Marxism. It was generally believed that Lukács had exaggerated the role of consciousness to the detriment of economics and that his work took little account of concrete goals and the institutional constraints on action. With the publication of Marx's *Economic and Philosophical Manuscripts of 1844*, however, many of Lukács's arguments received belated justification. The Communist International was particularly embarrassed, since its leaders had forced Lukács to renounce his masterpiece in 1924. The writings of the young Marx revivified interest in what most intellectuals tended to consider a rigid and unyielding political ideology.

Alienation became a truly popular concept, however, through *Escape from Freedom* by Erich Fromm. Nazism had become the chief enemy for liberal and progressive intellectuals following the outbreak of World War II in 1939. Fromm showed how the egoistic acquisitive attributes of the "market character" associated with capitalism in the Weimar Republic, was transformed by the new fascist regime into a "sado-masochistic character" predicated on the explicit elimination of autonomy. Its subversion of all public institutions capable of resisting the propaganda of the new regime—that is, mass media, schools, religion, and even the family—left the individual utterly isolated or atomized.

Extreme alienation of this sort is untenable. An identification with authority (i.e., the *Fuhrer*) is thereby generated that leaves the individual filled with hate and yet intent upon avoiding ethical responsibility. A specific confluence of sociological and psychological influences thus gives rise to a uniquely authoritarian personality structure.

Max Horkheimer took a more over-arching approach. His essay "The Authoritarian State" (1940) analyzed the conflation of modern liberalism, communism, and fascism. All of them rely on bureaucratic administration and control, hierarchy and subservience, propaganda and mass culture, the division of labor and mechanized work. The individual is alienated from the product of labor, other workers, and a broader and more encompassing notion of individuality. The totality everywhere escapes from view and reification is the norm insofar as the individual is little more than a cog in the machine. Differences between regime-types might still exist, but, ultimately, the form is the content. With the dashing of teleological hopes once associated with the proletariat, indeed, resistance loses its political referent. The authoritarian state calls the ability to frame a theory of practice into question.

Alienation and reification thus increasingly become understood as psychological and philosophical problems that in the first instance require psychological and philosophical solutions. In *Knowledge and Human Interest* (1971), for example, Jürgen Habermas posited an "ideal speech situation" predicated on "undistorted communication." The ideal becomes concrete in the psychoanalytic encounter where both the analyst and the client, unimpeded by external or material interests, are intent on finding the true source of any given neurosis or pathology. A "generalizable interest" thereby emerges that is lacking in traditional forms of philosophy like positivism and phenomenology.

Critique is now given a positive foundation. Its confrontation with the manipulation of discourse is undertaken from an "emancipatory" basis. This has certain practical implications. Mutual understanding among activists becomes paramount, and each must prove self-critical of his or her goals and tactics. In principle, after all, undistorted communication underpins all forms of deliberative democracy. Older concerns with the historical constitution of reality can now also be treated as technical problems. Habermas made his position clear: "in the power of self-reflection, knowledge and interest are one."

Questions of argumentation and definition, however, quickly arise for this innovative psychological-philosophical approach. Is the ideal speech situation merely a methodological point of departure for social action or is it rather a fixed philosophical category with its own rules? Is it a matter of understanding undistorted communication in terms of a critical theory of society or as the foundation for a new variant of language philosophy with its own rules? Habermas made the "linguistic turn."

Critical theory thus took its first steps into the arena of analytic philosophy. *Theory of Communicative Action* (1981), another classic work by Habermas, admittedly still warns of the dangers posed by instrumental rationality and the institutional forces of late capitalism to the life world of the individual. Communicative action with its linguistic rules, insulated from history, becomes the vehicle for resistance. But the motivation for engaging in it is another matter entirely. Without reference to the production process, or political organization, new concerns with recognition and identity become primary. Demands of this sort, however, often conflict. Axel Honneth the protégé of Habermas, sought to deal with such conflicts emanating from alienation and reification by highlighting the ability of individuals to "care."

Empathy takes center stage insofar as caring involves recognizing the other and constraining the more crass forms of egotism. Alienation and reification are now framed as philosophical and experiential problems in need of a philosophically grounded experiential response. Ethical norms become, once again, severed from the realities of political life. Institutional imbalances of power, structured conflicts of group interest, and the imperatives of capitalist accumulation fade from view. Specifying the constraints on caring and the like, or the appropriate forms of action for dealing with alienation and reification, became matters of secondary interest. The debilitating implications for generating any meaningful notion of solidarity—and resistance—are self-evident.

To be fair, however, most members of the Frankfurt School's inner circle believed that prescribing remedies for alienation and reification (from within the existing system) was useless at best or a compromise of principle at worst. Pessimism became pervasive among the inner circle once the proletariat lost its revolutionary standing. In "Philosophy and Critical Theory" (1937) Marcuse already noted that the dialectic of Hegel and Marx, which rested on the prospect of realizing the realm of freedom, had been stunted and that radical change was no longer on the agenda.

The iron cage of bureaucracy was seemingly bringing about the "end of the individual." This was the vision depicted by Horkheimer in *The Eclipse of Reason* (1940). Capitalism had ceased generating its gravediggers, and totalitarianism was infecting both ends of the political spectrum: Horkheimer stated bluntly that "the extremes meet." Traditional assumptions about socialism and historical progress were therefore in need of revision. A new framework was required to deal with the integrative power of the bureaucratic society, the impotence of organized opposition, the regressive character of progress, and the need—above all else—to cultivate autonomy. If revolution can no longer be identified with liberation, then resistance must change its character. This would ultimately involve confronting civilization, progress, and enlightenment.

Looking backward

Critical theorists saw in the *Economic and Philosophic Manuscripts* a new emphasis upon ending the repression associated with the "pre-history" of humanity. Socialism would now be identified with how people were treated rather than a fixed set of institutions and policies. The young Marx seemed to exhibit utopian inclinations along with the vision of a new man freed from egotism, cruelty, and alienation. The revolution against capitalism now turned into something intent upon transforming the human condition. Critics suggested that it was now impossible to envision what revolutionary success might entail. Understanding revolutionary failure, however, was rendered easier. The newly discovered writings of the young Marx played an important role in challenging a gray and drab understanding of socialism.

Erich Fromm's edition of *Marx's Concept of Man* (1961) became wildly popular, and it inspired a generation of American radicals. Even before that, however, Fromm was preoccupied with the phenomenon of alienation. His various writings on religion and psychology make that clear. Capitalism was to be opposed not simply because it was materially exploitative, but because its system of impersonal market forces called upon individuals to treat one another as potential competitors and means to an end. The issue for him was not merely the mechanized society over which humanity has lost control, but the inner passivity and mental dullness that it fostered. His critical social psychology was thus predicated on articulating and affirming anti-capitalist values and progressive possibilities for individual development. Here is the basis for what would become an overriding attempt to recast socialism as a form of humanism while downplaying narrow class concerns and revolution.

Henry Pachter once told me, however, that his first reaction in 1932 upon reading the *Economic and Philosophic Manuscripts* was: "This is the end of Marxism." He was a socialist activist, a political historian, and also loosely connected with the Frankfurt School. Today a statement like Pachter's sounds strange. But it made sense in the context of the 1930s. Marxism was still understood as an all-embracing philosophical system with scientific foundations and teleological guarantees. An aura hung over the communist movement, and social democracy still seemed to incarnate the only genuine opposition to political dictatorship and social injustice. Both the socialist and the communist movements were less intent upon utopia than nationalizing major industries and regulating the market, substituting a (democratic or authoritarian) dictatorship of the proletariat for the rule of the bourgeoisie, and introducing a new secular ideology presumably based on technological and scientific progress.

The more traditional outlook was far less dramatic than what the new approach offered with its assault on alienation and reification. But there is something enviable in its clarity of purpose and its privileging of politics. There is no need for nostalgia. Its philosophical and political aims were modest only in comparison with the exotic disquisitions and utopian exaggerations that were to follow.

Chapter 4
Enlightened illusions

Max Horkheimer and Theodor Adorno's *Dialectic of Enlightenment* was perhaps the first great critical encounter with modernity undertaken from the Left. It first appeared in a private printing for the Institute with the title *Philosophical Fragments* in 1944. When it was finally published with Querido Verlag in 1947, however, the original title had been turned into the subtitle. The focus had become more precise. Initially that didn't help matters: it sold only about two thousand copies. Today, however, *Dialectic of Enlightenment* is recognized as landmark of modern philosophy and, arguably, the signature work of critical theory. Two very different intellectual temperaments find expression in this book. Its text exhibits complex tensions and various interpretations are possible. Nevertheless, certain features are indisputable.

This work investigates how scientific (or instrumental) rationality expels freedom from the historical process and enables reification to penetrate every aspect of society. Even art turns into just another commodity and loses its critical character. Conformism is now treated by the dialectical discourse as something more than a merely bohemian concern. Metaphysics is, moreover, given an innovative and radical twist. Horkheimer and Adorno respond to the "totally administered society" with a systematic assault on systematic thinking or, better, an anti-narrative that itself becomes a narrative. Their book also provides a sophisticated attempt to employ thinkers outside the enlightenment tradition in order better to understand its limitations. It insists not merely that the price of progress is too high but that barbarism is embedded within civilization and that the Enlightenment has betrayed its most sacred promise: autonomy.

The illusion of progress

Dialectic of Enlightenment was loyal to the imperative of the young Marx that to be genuinely radical is to go to the "root" of a problem. Historically, both in theory and practice, Leftists had basically identified with the Enlightenment project. Even the young Marx, who harbored more than a touch of romanticism, insisted that the proletariat must take its goals from the revolutionary bourgeoisie and that it has none of its own to realize. His critique of liberal republicanism was predicated on the impossibility of actualizing its enlightenment ideals of liberty, equality, and fraternity within the parameters of the capitalist state.

With the triumph of fascism, the degeneration of communism, and the integration of social democracy, these ideals were seen as having lost their cachet and, as a consequence, this kind of political critique as having lost its appeal. Auschwitz had punctured the aura associated with progress and modernity. Old-fashioned criteria for making judgments, constructing narratives, and understanding reality thus become anachronistic. The postmodern appears *avant la lettre*. Enlightenment and modernity find their fulfillment in a concentration camp universe run by an unaccountable bureaucracy, fueled by an instrumental rationality run amok, and expressed in the unleashing of an unimaginable rage.

Dialectic of Enlightenment included fragments of a sensational last chapter "Elements of Anti-Semitism," added in 1947. Prejudice is interpreted there as having its own dynamic and a logic resistant to rational argumentation. Anti-Semitism is viewed as an expression of humanity's "second nature" with anthropological roots. Horkheimer and Adorno insist that there has always been something "different" about the Jews. If modernity is increasingly and repressively standardizing individuality, then the encounter with difference and autonomy will logically generate a resentment born of unconscious envy. Such resentment marks the anti-Semite. Nazi hatred of the Jew fulfills the presentiments of the past even as it produces a "turning point in history."

Capitalism also fits into the picture. Anti-Semitism is not reduced to some prefabricated economic interest. But it is linked to the commodity form through which people are no longer seen as ends unto themselves. They are rather treated as factors of production within a bureaucratic production process. Reification is, meanwhile, undermining the capacity of individuals to exercise moral judgment. Autonomy was being eroded long before the first concentration camp was constructed. The other was always in danger. The Jew was always identified with the sphere of circulation and as the harbinger of capitalism. Not merely capitalism requires interrogation, therefore, but civilization itself. Thus, the critical theory of society takes an anthropological form in which resistance relies upon an increasingly imperiled subjectivity.

Dialectic of Enlightenment insisted that civilization itself was implicated in the assault on subjectivity. Homer's *Odyssey* already depicts the willingness of its main character to surrender his identity and his name in order to survive. Instrumental reason and the erosion of subjectivity, alienation, are thereby intrinsically bound together. The linkage between them is merely crystallized during the historical epoch popularly known as the Enlightenment. The term thus receives a dual meaning in *Dialectic of Enlightenment*. It is identified with both a historically specific scientific theory of knowledge that contested religious dogma in Europe during the seventeenth and eighteenth centuries and, more broadly, an anthropological struggle with error and superstition that arose from the beginnings of civilization. The key to the book is the way in which the historical critique of the Enlightenment is turned into the lever for an anthropological interrogation of progress. This, indeed, is what made it so provocative and controversial.

Objective and value free, operational and testable, scientific reason was initially employed to destroy traditional superstitions and prejudices in order to foster an open discourse, experimentation, and tolerance. Progressive thinkers living in a religious universe were primarily concerned with protecting scientific inquiry from the intrusions of theologians. Having begun with an assault on religious dogmatism, however, instrumental rationality turned its power against all nonscientific precepts and normative claims. These included ethical values associated with the Enlightenment (like moral autonomy and the exercise of conscience) that had inspired scientific experimentation in the first place. Just to this extent, however, the critical character of reason diminished: ever more surely it became, as David Hume had predicted, a "slave of the passions."

Dialectic of Enlightenment supplements Hegel and Marx with insights drawn from Nietzsche, Freud, and Max Weber. Its authors invert the traditional narrative identifying technological development with progress. They instead connect the growing dominance of instrumental rationality with the totally administered society. The new outlook projects a new form of resistance that calls for heightening the "non-identity" between subject and object—or, less philosophically, the individual and society. Insofar as the whole is false, and progress is an illusion, the only critical option lies in developing what would later become known as a negative dialectic. Only in this way might critique confront the illusions attendant upon Enlightenment.

Science had always been treated as value free and neutral regarding ideological claims. Like the commodity form and bureaucracy, however, it has an interest in expanding its dominion. Scientific rationality thus blends easily with the imperatives of capitalism and the bureaucratic state. Capitalism, bureaucracy, and science—all expressions of instrumental rationality—constitute the real core of Enlightenment. They turn nature into an object of use, progress into alienation, and freedom into control. Autonomy is a nuisance and critique is a threat. Enlightenment may be associated with such ideals. But its real goal is standardization and control. In the name of liberation, its advocates wound up fostering a rationality of technical domination. The irrational beliefs that the Enlightenment originally sought to destroy thus reappeared as its own products.

Humanity pays for an increase in power over nature with the loss of subjectivity. Blind to the domination in which it was engaged, equally blind to the reaction it was nurturing, Enlightenment humanism was incapable of understanding that in its "innermost recesses there rages a frantic prisoner who, as a fascist, turns the world into a prison." Such is the real (if unacknowledged) legacy of the Enlightenment. It extends from Kant over the Marquis de Sade to Nietzsche. Where Kant created an epistemological barricade to protect science from the intrusion of metaphysics and religion, and Sade took the instrumental treatment of individuals to the extreme, Nietzsche ultimately rendered reason and conscience subordinate to the will to power.

Dialectic of Enlightenment does not claim that individuals have simply been turned into robots. What occurs instead is a perversion of autonomy. Individuals are seen as increasingly incapable of making anything other than technical or emotional judgments. (Here, it should be noted, the early critique of vulgar materialism and intuitive metaphysics comes into play.) Exercising conscience and imagining the free society become ever more difficult and, if only for this reason, the appeal of totalitarianism grows. A sociological and philosophical explanation—if not a justification—emerges for those who claimed that they were "just following orders." Old-fashioned political forms of resistance are no longer viable: where reification defines progress, critical theory is indeed left in the position of tossing bottles with messages of liberation into the flood of barbarism.

Freedom was betrayed by the Russian revolution, and liberalism compromised the promise of a liberal society. Instrumental rationality saw to that—irrevocably. Philosophical idealism had initially been predicated on the idea of a universal subject lacking all empirical determinants: it was the referent that individuals should use in making ethical decisions. Liberalism employed universal principles for its rule of law and its view on rights. But that is precisely the problem. From the willing surrender of individuality in the name of instrumental needs to the denial of class claims in the name of an abstract humanity to the final assault on metaphysical abstraction itself—all become logical steps within a single logic. Progress is not what the good bourgeois has always said it was: the growth of moral conscience and the improvement of humanity. Quite the opposite: autonomy and ethical norms get obliterated. Actual progress is a movement from the bow and arrow, as Adorno later liked to say, to the atom bomb.

Enlightenment political thought is seen by Horkheimer and Adorno as having bought into the illusion of progress—at great cost. Western Marxists had never been enthralled with liberal republicanism, and in 1933, following the triumph of Adolf Hitler, the Frankfurt School felt the same way. Even Marcuse, perhaps the most politically savvy of its inner circle, noted in 1934 that a deep affinity existed between liberalism and totalitarianism not merely in terms of their commitment to private property but in their political views.

Dialectic of Enlightenment drove home that point. Its authors considered liberalism, while fine as an idea, an apologia for existing conditions. Its blindness to inhumanity and the irrational made liberalism and its humanist impulses, at best, incapable of effectively challenging its enemies and, at worst, complicit with them. They put the matter bluntly: "Enlightenment behaves toward things as a dictator toward men. He knows them insofar as he can manipulate them." Goethe's beloved oak tree sitting in the middle of the Buchenwald concentration camp provides a poignant and symbolic case in point for the fate of Enlightenment.

Horkheimer and Adorno were not merely concerned with the empirical fact that totalitarianism had grown out of a liberal regime like the Weimar Republic. They were convinced that fascism was the product of conditions that existed prior to its triumph not in some negative sense, but as an actual continuation of those conditions it publicly (and hypocritically) denounced. Liberal ideas were betrayed by the instrumental framework in which they were embedded. Its subversion of conscience was made

5. Fascism finds its roots in the Enlightenment. This photograph shows Goethe's beloved oak tree in the Buchenwald concentration camp.

all the worse by the ideals supposedly justifying its existence. The Jew suffered the most: anthropologically because civilization always branded him as "alien" and historically because he was popularly considered the harbinger of liberalism and capitalism.

The irony is unavoidable. Hiding behind the veneer of liberal ideals, the reification process emancipated irrational fears and instinctive drives from the snares of conscience. The resulting anti-Semitism reflects a situation in which "blinded men robbed of their subjectivity are set loose as subjects." There is no reasoning with these hollow individuals. Their irrationalism runs too deep. It was shaped not simply by fascism but by civilization and the unintended consequences of the enlightenment legacy.

The retreat from history

In his "Theses on the Philosophy of History," Walter Benjamin noted that there is "no document of civilization that is not at the same time a document of barbarism." Perhaps. But this claim only begs the question: how to differentiate between the two and determine which quality is more prevalent in any given work. *Dialectic of Enlightenment* never articulated the criteria necessary for providing an answer. Its authors refused to deal with the Enlightenment in terms of its influence upon institutions, movements, and political ideals. They identified it instead with a single form of rationality and then interrogated that in terms of a single anthropological narrative. The Enlightenment is taken to task without reference to the Counter-Enlightenment. The historical conflicts over constraining the arbitrary exercise of institutional power, and fostering the free exercise of individuality, simply vanish. Intellectual traditions lose their relation to organized forms of practice. There is only instrumental rationality: the transformative agent or, better, the new world spirit.

Dialectic of Enlightenment never treats the seminal political thinkers. There is hardly a word about John Locke, Gotthold

Lessing, Voltaire, Benjamin Franklin, or Tom Paine. The book's authors looked farther. Their concern was with the Marquis de Sade, Schopenhauer, Bergson, and Nietzsche. Not one of them identified either with Enlightenment political principles or the organizations dedicated to realizing them. They were anti-liberal, anti-socialist, anti-democratic and anti-egalitarian, anti-rationalist and anti-historical.

Horkheimer and Adorno's critique of scientific rationality is also politically misleading. Fascists were never infatuated with scientific rationality or universal categories. They instead made ideological use of notions like "Jewish physics" or "Italian mathematics." Most positivist and neo-positivist exponents of scientific rationality in the twentieth century were liberals like Karl Popper; some were social democrats like Rudolf Carnap; and a few like Hans Reichenbach were even once members of the ultra-Left. Norberto Bobbio, the great socialist thinker and activist, was surely correct when he noted that contempt for positivism (not its embrace) was a hallmark of fascism.

None of this, apparently, was relevant. Horkheimer and Adorno were more interested in the dialectical process that works behind the conscious intentions of individuals and groups. But their dialectic lacked historical specification. They never inquired into the moments of *political* decision that produced the new barbarism. *Dialectic of Enlightenment* has nothing to say about the Dreyfus Affair, the Russian Revolution, the fascist March on Rome, or the Nazi triumph. The organizational and ideological conflicts remain as invisible as the personalities involved. The connection between totalitarianism and modernity—with the Enlightenment as its source and instrumental rationality as its medium—simply doesn't wash.

It remains unclear why the most advanced capitalist nations like the United States and England never experienced a genuine fascist threat while far less advanced nations, like Italy and

Romania, succumbed to the forces of reaction. It is also unclear why Japan never experienced the Enlightenment. Nor is there a discussion of totalitarianism from the Left. What occurred in the Soviet Union was a product not of modernity but the lack of it: Gramsci actually considered the Bolshevik revolution "a revolution against *Das Kapital*" while Leon Trotsky and Lenin maintained that the communist triumph was possible only because Imperial Russia was "the weakest link in the capitalist chain."

Orthodox Marxists among the social democratic leadership—not surprisingly—were clearer about all this than the far more philosophically sophisticated members of the Frankfurt School. Karl Kautsky and Rosa Luxemburg not only predicted the emergence of a terror apparatus in the Soviet Union as early as 1918, but analyzed it as the product of economic underdevelopment. Other scholars would note that in Germany the bourgeoisie had not yet ideologically come to terms with feudalism when fear of the proletariat led to its alignment with the reaction.

European fascism was *not* the product of some prefabricated philosophical dialectic but rather the self-conscious ideological response to liberalism and social democracy. Its mass base everywhere lay primarily in pre-capitalist classes—the peasantry, the underclass, and the petite-bourgeoisie—whose existential and material interests seemed threatened by the capitalist production process and its two dominant classes: the bourgeoisie and the proletariat. Classes identified with modernity mostly supported political parties embracing a continental form of liberalism or a social democratic party still formally embracing orthodox Marxism and its communist rival. All these parties except the communists were supporters of the Weimar Republic, and all were enemies of the Nazis who made war on them in word and deed.

Dialectic of Enlightenment casts these real historical conflicts into a metaphysical fog. Its famous interpretation of Odysseus, whose denial of his identity becomes the only way for him to survive his exile, offers a case in point. "The sacrifice of consciousness is carried out according to its own categories, rationally." There is no turning back. Instrumental reason is necessary to survive and the forms in which we survive generate our destruction. Enlightenment is the story of a dynamic whose reifying effects culminate in the number tattooed on the arm of a concentration camp inmate. There is an extraordinary sweep to this provocative argument. But it is predicated on false concreteness and misplaced causality. Instrumental reason did not bring about Nazism or even destroy the ability of individuals to make normative judgments. The Nazi victory was rather the product of a clash between real movements whose members were quite capable of making diverse judgments concerning both their interests and their values.

Fascism was never a foregone conclusion just as it was never simply a function of modernity. Real movements and real organizations, real traditions and real ideas, were in conflict. To ignore them is to embrace the reification of thinking that the Frankfurt School nominally sought to oppose. What emerges from *Dialectic of Enlightenment* is an unyielding process that excludes more than it illuminates—precisely because it is neither determinate in its historical claims nor precise in its political judgments. The desire to unify qualitatively different phenomena under a single rubric could only produce historical disorientation and political confusion. Given his own association with Stalinism, Lukács may not have been one to point fingers. Nevertheless, there is something legitimate about his quip that the Frankfurt School watched the descent into barbarism from its "grand hotel abyss."

What next?

Max Horkheimer and Theodor W. Adorno intended to confront the limits of Enlightenment from the standpoint of enlightenment itself. Their point of departure was the erosion of autonomy. Progress is seen by them as generating barbarism and the critique of capitalism is situated within a broader "anthropology of domination." Their undertaking stands squarely within the dialectical tradition of Marxism. But the positive moment underpinning their critique never becomes concrete or clear. Because the whole is false, and mediations are never introduced, critical theory becomes compelled to consider negation as its guiding principle. The totally administered society is a product of teleology in reverse. Reification is creeping into every crevice of society and instrumental rationality, wherever it appears, is evincing yet another form of domination. Horkheimer and Adorno provide no criteria for drawing distinctions. For them, the basic situation is obvious: instrumental rationality is the problem, the commodity form is the culprit, and the culture industry is the enemy. There is no alternative. There is only an ongoing resistance waged in the name of an always elusive, if supposedly genuine, experience of individuality.

Dialectic of Enlightenment was intended to have a sequel. Its authors might have felt that they had gone too far. Horkheimer had hopes for a "positive dialectical doctrine which has not yet been written." The Enlightenment seemed to require rescuing or reclaiming. But that never came to fruition. There is much debate regarding why not. Some look to the fragmentary organization of the work—its use of aphorisms, montage, and its anti-systemic character. Others highlight the authors' intellectual investment in negation. Still others point to their break with the Left and their fear of political engagement. Yet, there might be a different reason. Its authors might simply have found it impossible to offer a "positive dialectical doctrine"—because they no longer had anything "positive" to say.

Chapter 5
The utopian laboratory

In 1795, Friedrich Schiller published his *Letters on the Aesthetic Education of Man*. His aim was to preserve the utopian promises that the French Revolution had destroyed in the terror and the subsequent conservative swing—or Thermidor—that followed the execution of Robespierre in 1793. Schiller introduced aesthetics as a utopian response to reality. His classic work describes a new life-world in which the play impulse with its sensuous and form-giving qualities transforms existence and, implicitly, redefines the character of labor and science. The aesthetic realm incarnates the "inner truth" of humanity. Obliterating differences of status and power, it projects new forms of solidarity, freedom, and a non-instrumental treatment of nature. Utopia inheres within the "beautiful illusion" generated by art. But this illusion also serves as a regulative ideal. It shapes reality in accord with its own liberating standards and purposes: it embodies the promise of happiness that history has betrayed.

The Frankfurt School would experiment with redeeming the ruins, fragments, and forgotten images that point to the realization of that promise. The proletarian revolution of its time may have turned totalitarian and the new vanguard may have failed in its historical mission. But, still, the reclamation project of the Frankfurt School bore a Marxian stamp. New material conditions were seen as justifying its turn to aesthetics and metaphysics. Contesting the totally administered society and the domination of instrumental reason called for rejecting the usual attempts to employ art for political purposes.

A critical standpoint on aesthetics now suggested that the aim of art is not to depict the wrongs of society in realistic terms, offer platitudes about how things should be, or pander to the masses. Critical theory must redefine mimesis with an eye on montage, stream of consciousness, and other techniques that offer new forms—new illusions—for experiencing reality and eliciting the utopian longings of the audience. These longings are probably strongest when the conditions for their realization are most improbable. Herein perhaps is the meaning behind the famous words of Walter Benjamin from his essay on Goethe: "It is only for the sake of the hopeless that hope is given to us."

Anticipating utopia

Ernst Bloch liked to quote those words. But he believed that utopia requires a more robust political and philosophical underpinning—and he sought to provide just that in his lifelong preoccupation with the "dream of the better life." Attempts to demonstrate its content led to disquisitions on everything from reincarnation to alchemy. But he also offered a material foundation for utopia in the failed uprisings, forgotten experiments, and unrealized ideas that comprise the underground history of the revolution. All of them provide intimations of a world built on equality, justice, and freedom. Bloch's writings thus reinvigorate an idea as old as humanity itself. Their unfinished, free-flowing, and associative character complements their classical erudition, expressionist literary style, and apocalyptic visions. Anticipatory fantasy mixes with a critical use of memory. Impulses for political emancipation are gleaned from the workers' councils of his time back over to the free towns of Europe, the theology of forgotten Protestant revolutionaries like Thomas Munzer, the origins of natural right, and the sacred texts of the most varied religions.

Admittedly: the claims made by Bloch were too often asserted rather than argued; his interpretive criteria were sometimes vague; and he often blurred the line between fantasy and logic. Yet, his desire was to make utopia concrete. The best life contests every currently alienated moment of the totality. It projects a unity between subject and object that turns the world into an experiment for the most diverse practices of individuality. The purpose animating this vast enterprise crystallizes in the closing lines of Bloch's three-volume *The Principle of Hope*:

> . . . . man everywhere is still living in prehistory, indeed all and everything still stands before the creation of the world, of a right world. True genesis is not at the beginning but at the end, and it starts to begin only when society and existence become radical, i.e., grasp their roots. But the root of history is the working, creating human being who reshapes and overhauls the given facts. Once he has grasped himself and re-established what is his, without expropriation and alienation, in real democracy, there arises in the world something which shines into the childhood of all and in which no one has yet been: a homeland.

Ernst Bloch subscribed to a version of this position throughout his long life. His *Subject-Object* (1949) and the famous conclusion to *Spirit of Utopia* (1918), "Karl Marx, Death and the Apocalypse," evince roughly the same vision. A mainstay of the German avant-garde, a maverick Marxist who ultimately endorsed Stalinism in the 1930s, Bloch became a professor at the University of Leipzig after World War II, emigrated to the West when the Berlin Wall was erected in 1961, and taught at the University of Tübingen until his death. In the years before World War I, he and Lukács were best friends. They became Marxists together, and their work reflected the ambitions and hopes associated with the heroic years of the Russian Revolution. They were always together in the cafes and attending events—so much so that elements of both were fused into the character of Naphta, the intolerant authoritarian with Jesuitical traits, in the great prewar novel *The Magic Mountain* by Thomas Mann. The two friends broke over various aesthetic and philosophical matters in the late 1920s. Nevertheless, the rift between them only became public during the 1930s in an exchange over the political implications of literature that became known as "the expressionism debate."

Lukács had made his peace with the Communist International following its condemnation of *History and Class Consciousness* in 1924. He resolved to remain within the organization, and he kept to that resolution. His thinking became more rigid and more doctrinaire yet, for better or worse, also more concerned with linking the revolutionary heritage of the bourgeoisie with communism. That certainly served as his motivation for initiating what undoubtedly became the most important literary debate of the interwar period.

Echoing the growing call for an anti-fascist Popular Front, trying to understand the cultural roots of Nazism, Lukács challenged European modernism in general and German expressionism in particular for their irrationalism, subjectivism, and utopianism. Essays like "Greatness and Decline of Expressionism" (1934) and "Realism in the Balance" (1938) maintain that fashionable avant-garde trends helped create the cultural preconditions in which fascism could thrive. Lukács' alternative was a form of "critical realism" perhaps best exemplified in the works of Honore de Balzac, Leo Tolstoy, and Thomas Mann.

In "Discussing Expressionism" (1938) and other essays, Bloch took issue with Lukács' line of reasoning. He opposed reducing literature to politics, insisted upon the humanitarian character of the expressionist enterprise, and highlighted its assault upon the cultural philistinism that was so much a part of the fascist worldview. Bloch also defended expressionism for its utopian sensibility and its vision of the new man. He never renounced his early writings. In contrast to Lukács, who once claimed that the worst form of socialism is better than the best form of capitalism, Bloch always contended that the worst form of socialism is not socialism at all. Socialism must prefigure the best life if it is to prove worthy of its name. Utopia cannot remain the land that Samuel Butler called *erewhon*—or nowhere (sort of) spelled backwards.

Bloch understood socialism as a projection of utopia. It should serve as a reconfigured totality that provides new ways of treating humanity and nature as well as new opportunities for experiencing the richness of civilization. His outlook was eschatological, but it was never reducible to faith or symbols. Utopian anticipations can be found in the most basic human experiences and images that hark back to the garden of Eden. But the best also becomes manifest in the thrill of sports, the desire for love, nursery rhymes, daydreams, and the lightness experienced in a genuine work of art. Each is a dim prefiguration of the world we

6. The Garden of Eden is perhaps the most powerful image of utopia.

seek, and human history is one long struggle in the multiple dimensions of life to articulate and realize it.

Underpinning all our disappointments and fears, including death, is the hope for redemption and the freedom that has been denied humanity. Utopia receives an ontological foundation in the experience of hope and the inherently incomplete character of existence. The task of critical thinking is to illuminate these unconscious and half-conscious yearnings by highlighting the "anticipatory consciousness" that allows for reinterpreting the past. Bloch's *Atheism in Christianity* (1968), for example, emphasizes the religious roots of communism; it would serve to influence liberation theology that became so popular in Latin America and elsewhere in the former colonized world. *Natural Law and Human Dignity* (1961), meanwhile, insists that the hope for equitable treatment and the constraint of arbitrary institutional power has always animated the strivings of the lowly and the insulted.

Utopia makes us aware that what we have is not necessarily what we want and that what we want is not necessarily all we can have. Enlightenment thinking becomes open to criticism—according to Bloch—insofar as it reduces the rational to the real, and it remains blind to the unrealized utopian elements buried in magic, madness, childhood fantasies, and the like. Arguments can be made that he romanticized these states of mind, overidentified with those who laud them, and overestimated their salience for utopian philosophy. But the critical moment of Bloch's enterprise is an attempt—one that stands squarely within the tradition of critical theory—to illuminate the *ratio of the irratio*. This is of importance not simply for making sense of magic and mysticism but for understanding the "false utopias" embedded in racism and other ideologies that privilege the intuitive and the irrational.

Bloch always maintained that the future is not some mechanical elaboration of the present. It does not emerge from a series of steps or stages that lead into the future by obliterating the past. At the same time, however, utopia should not be considered as an abrupt break with reality. In dialectical fashion, instead, utopia constitutes a specific and renewal of the past that renders conscious what exists but is not yet conscious. Every story is thereby open to interpretation and the interpretation to reinterpretation. Existence is always unfinished—its end is always "not yet" in sight. There is no absolute salvation or redemption. There is no Day of Judgment. The dream of the best life constantly glimmers anew as humanity reflects on what it has ignored.

Artifacts from every corner of the earth and previously unacknowledged treasures evince the incomplete dream of the best life. Bloch's gaze wanders from Zoroaster and Confucius to legendary stories of the fictional Scheherazade and the sixteenth-century prophecies of Nostradamus to Romanticism, Marxism, and Modernism. Different understandings of time, death, kindness, and the most varied sentiments come to life in what Bloch termed the "utopian laboratory." Tolerance and a cosmopolitan mind-set are essential for its functioning. All the more sad, and ironic, that Bloch should have defended the show trials scripted by Joseph Stalin in a notorious 1938 essay titled "Jubilee for Renegades". No other thinker has ever produced a utopian conception as rich, varied, fresh, and pregnant with possibilities. There is hope for transforming every moment of the totality. But the whole is more than the sum of its parts, and attempts to realize the anticipatory potential of one element will inevitably impinge upon another. What Bloch termed "the world experiment" is incapable of being fully redeemed: utopia must always remain utopian.

The pacification of existence

Herbert Marcuse agreed. But the way in which he dealt with utopia was very different. His *Eros and Civilization* (1955) is an attempt to articulate the liberating desires, hopes, and fantasies that have been repressed since time immemorial. Marcuse had been interested in Schiller since the beginnings of his intellectual career. Young radicals of his generation embraced him far more than Goethe or the rest of the eighteenth-century Weimar literati. After Auschwitz and the Gulag, and the prospect of nuclear annihilation in a new cold war, Marcuse saw the need for a new vantage point from which critique might be launched. The beautiful illusion, the play impulse, and the idea of sustained happiness provided the fitting basis for an anthropological break with the reality principle and, its capitalist variant, the performance principle.

Freud had associated these terms with delayed gratification of pleasure and the repression of instinctual sexual desires lodged in the unconscious. All this was deemed necessary in order to survive in a world of scarcity. Marcuse suggested, however, that the modern world of scarcity was being artificially maintained. A kind of "surplus repression" was being enforced by the structure of advanced industrial society to assure its continuation.

Imperialism, militarism, economic exploitation, patriarchal family structures, religious dogmatism, and the false needs generated by consumerism all render it irrational. Only a kind of primal guilt maintains the identification with its values and institutions. Punishment is sought and employed to quell the desire for liberation and archetypical thoughts of rebellion by the sons against the unequal distribution of work and satisfaction imposed by the primal father. Too terrible to recall, shrouded in mist, these rebellions and vague dreams of liberation must be expunged. Deadened by the culture industry, bereft of alternatives, lacking in reflexivity, caught within the whirl of a fast-paced yet ultimately meaningless existence, individuals thus lose control of their history.

Insofar as repression fosters irrational resentments and violence, social and political activity focuses ever less upon liberation than destruction. But this only further intensifies the utopian longings along with guilt and the subsequent need for new punishments based on ever more manipulative and unnecessary methods of delaying gratification. Material progress thus rests on psychological regression. Unable to deal with their guilt, the individuals living in advanced industrial society constantly reproduce the repressive values of the performance principle.

Utopia is the denial of all this. It projects sublimated forms of creative activity that bind subject and object, and that free the libido from all constraints. Humanity is psychologically reconfigured in utopia. Scarcity is overcome, and individuals cease to view one another in instrumental terms. People are placed before profits, work turns into play, and a new sensibility takes shape that is almost biologically repulsed by cruelty, exploitation, and violence. And that is not all. Time is no longer conceived in linear terms but rather, following nature, as an internal circular process akin to what Nietzsche termed the "eternal recurrence." Sustained happiness thus finally becomes a speculative possibility in the thought that death is not the unfolding of life. *An Essay on Liberation* becomes the vehicle for Marcuse to depict a utopian existence in which:

> techniques would then tend to become art, and art would tend to form reality: the opposition between imagination and reason, higher and lower faculties, poetic and scientific thought, would be invalidated. Emergence of a new Reality Principle: under which a new sensibility and a de-sublimated scientific intelligence would combine in the creation of an aesthetic ethos.

Eros and Civilization in particular has generated an avalanche of criticism. But it remains an imaginative tour de force. That work transformed the deeply pessimistic outlook of Freud in *Civilization and Its Discontents* (1930) and his other metapsychological speculations into the foundation for a radically utopian vision. Anchoring the desire for restructuring the instincts, intent upon challenging alienation in the most dramatic way, Marcuse offers a liberating counterpoint to the sadistic perversion of human nature in the concentration camp universe. He insists that only the "pacification of existence," a sustained experience of happiness without fear of death, can bring about the triumph of Eros over Thanatos. Utopia is the only viable standpoint for confronting a world in which progress is actually an expression of barbarism.

Eros and Civilization was published at a time when intellectual life in the Western world was dominated by Jean-Paul Sartre and the Existentialists in France, Günther Grass and the "Group '47" in Germany, and the Beats in the United States. Marcuse offered something different. His vision contested their pessimism and, later, challenged young people to broaden their minds and embrace ethical idealism of a new sort. Marcuse was no fool. He knew that his utopia was predicated on a contradiction that prevented its realization: only already liberated individuals can bring about a liberated society. He was also aware that his vision was speculative in character and critical for precisely that reason. But some believed that his ideas constituted a threat to the rational foundations of critical theory.

Jürgen Habermas's "Technology and Science as 'Ideology'" (1968) offers a devastating attack on Marcuse and a very different point of view. His claim is that technology has an ontological structure and that talk of a new science is illegitimate without articulating criteria for verifying truth claims. A counterargument would suggest, however, that such criticisms are external rather than immanent. They don't speak to what is at stake. The real issue is whether *Eros and Civilization* offers an appropriately ideal standard to indict reality. Or, more bluntly, how genuinely utopian is its vision and how radical are its implications?

Erich Fromm undertakes his criticism of Marcuse with just these questions in mind. His arguments appear in various essays collected in *The Crisis of Psychoanalysis* (1970) and *The Revision of Psychoanalysis* (1992). Highlighting the primacy of social conditions on character formation, Fromm had already questioned Freud's metapsychological claims and instinct theory during the 1930s. This estranged him from the inner circle of the Institute for Social Research and led, in 1939, to his formal severance from it. As far as Fromm was concerned any philosophical grounding for psychology, or metapsychology, is useful only insofar as it is linked to clinical practice. Without connection to the real experiences of real individuals, such a metapsychology will necessarily rely on an arbitrary manipulation of concepts and ignore the problems associated with alleviating personal suffering. Fromm points to various technical mistakes made by Marcuse.

Polymorphous sexuality, for example, is defined by Freud in terms of prepubescent sexuality so that the supposedly utopian longing for its fulfillment (claimed by Marcuse) is actually predicated on infantile fantasies. *Eros and Civilization* is thus seen by Fromm as forwarding a notion of utopia that actually serves as a veil for regression and the obliteration of the ego. Even if this were not the case, however, critical theory should still emphasize the primacy of therapeutic attempts to foster the maturity, independence, and rationality of individuals in capitalist society. Any other position, whatever its utopian claims, severs theory from practice and speculative claims from empirical validation—thereby betraying the original vision and rational character of the critical enterprise.

Former associates within the inner circle took all this very seriously. They believed that Fromm's assault on metapsychology constituted a revision of Freud's radical legacy. It threatened to obliterate the legitimacy of engaging in the kind of anthropological critique of civilization that inspired *Dialectic of the Enlightenment*. Theodor W. Adorno subjected Fromm's views to fierce criticism in "Social Science and Sociological Tendencies in Psychoanalysis" (1946). Marcuse also counterattacked with a criticism of Freudian "revisionism" that first appeared in the pages of *Dissent* (1956) and ultimately served as the appendix to *Eros and Civilization*. Important issues are involved here that speak to the character of critical theory and the direction it should take.

If Fromm is correct, then critical theory must again—though in new ways and under new conditions—view itself as a theory of practice. It should offer practical ideas for dealing with exploitation and repression, and rely more strongly on the ethical traditions associated with humanism and the Enlightenment. Embracing metapsychology, by contrast, affirms the ontology of false conditions. Only negative dialectics and visions of an anthropological break can then preserve the possibility of resistance and the radical idea of freedom. Theory trumps practice. Privileging clinical therapy to better the psychological plight of individuals becomes a form of compromise with the status quo and an adaptation to repression. Adorno put the matter strikingly in *Minima Moralia*: "Wrong life cannot be lived rightly." But then: it's also possible that the wrong life can be more or less wrong, and living it can occur more or less rightly.

What's missing?

The Frankfurt School offered understandings of the best life very different than those provided in *Utopia* (1516) by Thomas More or the American best seller *Looking Backward* (1887), by Edward Bellamy. These classics of utopian literature integrated standard assumptions of the world they sought to contest like slavery or technological progress. Works that envision an anthropological or even a genuinely radical break with the reality principle are rare. The dangers implicit in that idea actually constitute a fundamental theme of dis-utopian works like *We* (1921) by Yevgeny Zamyatin, *Brave New World* (1932) by Aldous Huxley, or *Animal Farm* (1945) and *1984* (1949) by George Orwell. All of them provide a trenchant critique of communist totalitarianism and technological progress. They also warn against moral libertinism and the vision of sustained happiness. Utopia—or, better, the dream of realizing it—is treated by them as a seductive narcotic with a special set of dangers.

Perhaps that is as it should be. Attempts to turn utopia into reality had bloody results long before communism and fascism entered the historical scene. The idea of apocalyptic redemption forecloses compromise. Utopia has always been laden with the self-righteousness born of prophecy—and, as often as not, the celebration of violence. Utopians traditionally justified the terrible means they employed by the liberating ends they supposedly guaranteed. There is ample reason for deriding utopia as irrational and abstract, vague and indeterminate, oblivious of human nature.

But the dream of the best life is an enduring theme of humanity. Utopia might be the most underestimated concept in the philosophical lexicon. It also has exceptional practical importance. Every mass ideology has a utopian component. The great movements were never inspired, and the barricades never mounted for purely pragmatic reasons. "Man does not live by bread alone," Bloch wrote, "especially when he doesn't have any." Utopia has an existential component: it is the ideal for which countless individuals have proven willing to die.

Theorists should remain wary of depicting utopia too realistically. But there is always room for a sketch that can be retouched and redrawn. The sketch provides little more than the outlines for what will always remain an unfinished painting. Utopia is ultimately a regulative ideal: it provides us with a sense of how little civilization has achieved and anticipatory traces of what might be achieved in the future. Utopia has inspired revolutions. But it has also inspired the arduous, boring, and sometimes dangerous efforts at reform. Even therapeutic attempts to better the lives of individuals make reference to ideas and ideals concerning how life should be lived. Utopia need not make political actors blind to social reality and ethical constraints.

The sketch can clarify the multifaceted problems attendant upon furthering the best life. It can also show how humanity is still a work in process. Utopia was never meant to obliterate the individual. Better to view it as privileging a "multiplicity in unity" and fostering a richer and more complex form of individuality.

The best life escapes being captured by images, circumscribed by depictions, and reduced to philosophical categories. That is its strength. Utopia exposes how reality exists under what T. W. Adorno termed the "wicked spell"—the fetish surrounding immediate gratification that erodes the critical imagination. Perhaps utopia does only exist in the moment when one is lying on one's back in the grass looking at the sky, freed of want and pressure like Ferdinand the Baby Bull, the hero of children's books, or in the flash of time that departs as soon as it is experienced. But, then, utopia does not rest on a single longing or a single desire—even the longing for immorality or the desire for sustained happiness and ultimate meaning. The truly subversive idea in Brecht's utopian play *Mahagonny* (1929) was that "something is missing"—but then something is always missing.

Chapter 6
The happy consciousness

Hegel believed that progress is ultimately furthered by the person who is out of step with the majority. Only this person, the genuine nonconformist, really experiences the constraints on freedom. Only this person is in the position of questioning the prevailing understandings of happiness. For Hegel, indeed, the "unhappy consciousness" is the source of progress. That is also the case for the Frankfurt School. Its members posed many criticisms of modern life and the culture industry. But the danger that advanced industrial society presents to the unhappy consciousness is perhaps the most telling. At stake is the substance of subjectivity and autonomy: the will and ability of the individual to resist external forces intent upon determining the meaning and experience of life.

Max Horkheimer wrote to Leo Lowenthal that mass culture was cheating the individual out of his own experience of time, or what Henri Bergson called the *durée*. Marcuse feared that people no longer had the capacity to act as subjects and that they were being manipulated into thinking that something depended on their choices. Horkheimer and Adorno articulated what would become the general stance of the inner circle in *Dialectic of Enlightenment*:

> Life in the late capitalist era is a constant initiation rite. Everyone must show that he wholly identifies himself with the power which is

7. Conformism and loss of individuality mark the happy consciousness.

> belaboring him. This occurs in the principle of jazz syncopation, which simultaneously derides stumbling and makes it a rule. The eunuch-like voice of the crooner on the radio, the heiress's smooth suitor, who falls into the swimming pool in his dinner jacket, are models for those who must become whatever the system wants. Everyone can be like this omnipotent society; everyone can be happy, if only he will capitulate fully and sacrifice his claim to happiness.

Writing as a young rebel about other young rebels, caught between disgust for an old culture and longing for the new, Georg *von* Lukács—he employed the aristocratic designation at the time—envisioned a transformative role for the critic in *Soul and Form* (1911). Its literary and philosophical essays were evocative, complex, esoteric, and decidedly nontraditional. Art enabled the individual to resist society not simply by challenging popular tastes and perceptions, or so Lukács argued, but by intensifying experience through its allegorical and symbolic qualities.

Critical interpretation might prove necessary in order to elicit them. In turn, however, such philosophical interrogation would generate other interpretations. Both the philosophical exercise in literary criticism and the work of art are thus unfinished by definition. They are always open to reinterpretation by new audiences at new times. That is because products of creative activity harbor a secret to be uncovered and then recovered. No less than the artwork, the critical essay through its form can elicit repressed experiences of the soul. The boundaries between philosophy and aesthetics, reflection and experience, start to collapse. The artist in Lukács's new and broader definition of the term now appears as a "problematical man." Not the political revolutionary but the erudite cultural radical with a bohemian bent—like Nietzsche—is the agent of the new: the prophet of an invigorated subjectivity, an emergent culture, and a transformed reality.

How the culture industry works

The Frankfurt School assumed that opposition to mass society meant opposition to mass culture. Its inner circle took the standpoint of the intellectual outsider. They knew that mass media tends to champion right-wing causes. But they also knew that the culture industry can also produce works of a seemingly progressive slant. Mass media had already often bashed capitalism, intolerance, and the power elite. Even then, however, it seems to standardize experience and undermine critical reflection. According to the Frankfurt School, the culture industry integrates all opposition by its very nature. The impotence of a work is a direct function of its popularity. No work is safe: not the nonobjective paintings of Wassily Kandinsky and not the rigorously intellectual music of Arnold Schönberg.

A dynamic is involved: classical music once served as a backdrop for movies (like those of Charlie Chaplin and Fritz Lang) while today it often serves as the backdrop for commercials. The anti-traditional avant-garde has, meanwhile, entered the museum. Its works, too, can now be contemplated serenely by liberal individuals of good will. Sometimes the cultural philistine will be made to feel a bit uncomfortable by what the culture industry presents. But the fuss is over nothing. The critical or utopian potential within the artwork has already been nullified. It has been reduced to just another form of free expression in a free and affluent society.

The Frankfurt School believed that the culture industry is an essential feature of the totally administered society. Marxists had always viewed culture as a prop for the ruling class, and Louis Althusser later wrote about an "ideological-state-apparatus." But the Frankfurt School took this line of argument in a different direction. Assumptions made by the inner circle concerning the character of mass culture, its ongoing assault on intellectual standards, involve the integration of concerns that were first raised by conservatives.

In the eighteenth century, Edmund Burke already fretted that the "fine draperies of life" were being torn asunder, and his less sophisticated and more radical nineteenth- and twentieth-century followers insisted with Gustav Le Bon that "the populace is sovereign and the tide of barbarism mounts." Elites always warned against what Jose Ortega y Gasset called "the mass man" and his entry into public life. All this makes it important to highlight the differences between critical theory and the various assaults on mass culture by genuine reactionaries.

Horkheimer, Adorno, Benjamin, and Marcuse were not unduly worried about the threat to tradition and cultural authority. They were closer to Nietzsche, the cultural revolutionary rather than the political reactionary, who decried Victorian decadence with its puritanical conformism and hypocrisy, its dead materialism and stultifying rationalism. For the Frankfurt School it remained a matter of the "higher spirit" being doomed to misunderstanding or worse by a "herd" incapable of intellectually mastering its "will to power."

If the whole is untrue, if there is no way of affecting society politically, then cultural criticism becomes the only source of resistance. The baton shifts from Hegel and Marx to Nietzsche, whose aristocratic radicalism made him an exponent of high art against its popular rival and of modernism against the cultural philistine. He was a cosmopolitan and opposed the vulgar anti-Semitism embraced by people like the composer Richard Wagner, who often hid his prejudices under the cloak of "nationalism." But Nietzsche was also skeptical of the supposedly universal foundations of morality and science. He had little sympathy for the masses or the democratic ethos embodied in progressive mass movements. Disgusted by what he considered the growing mediocrity of his society, acutely aware of the deepening cultural malaise, and intuiting apocalypse, Nietzsche championed experimentation, individuality, and a "perspectival" view of reality.

Dialectic of Enlightenment took up these themes. But its authors' views on the culture industry were already evinced in earlier works. Adorno's "On the Fetish Character of Music and the Regression of Listening" (1938) noted that the products of the culture industry were not works of art that were only later packaged as commodities but, instead, conceived as commodities from their inception. Horkheimer followed suit by embracing high art as against popular entertainment in "Art and Mass Culture" (1941).

Only the most technically complex works, both of them believed, could foster reflection and resistance against declining cultural standards and perpetually changing fashions. The issue is not the political content but the form in which it is expressed—the medium is the message. Adorno put the matter bluntly in *Minima Moralia*: "the value of a thought is measured by its distance from the continuity of the familiar. It is objectively devalued as this distance is reduced."

The Frankfurt School was elitist in its view of public life. Yet its members were decidedly modernist in their inclinations. They harbored no romantic illusions about some bygone golden age, and they were unconcerned with the existential anxieties of the establishment. They were intent upon challenging the culture industry because it was standardizing experience and thereby rendering everyday people more and more receptive to tradition and authority. Material riches were, in keeping with the old bohemian and romantic idea, seen by the Frankfurt School as impoverishing the spirit. The happy consciousness was condemned because it was hollow and vapid. Herbert Marcuse insisted that the culture industry was complicit in closing the political universe.

Quiescence of the individual and the closure of political life were considered a function of capitalism, the bureaucratic state, and the mass media. Jürgen Habermas analyzed this in his groundbreaking first book, *The Structural Transformation of the Public Sphere* (1961). Its subtitle in German is "a category of bourgeois society." Alexander Kluge and Oskar Negt, two younger students of Adorno, later complemented this enterprise with their own study of its "proletarian" rival. Nevertheless, it was Habermas who introduced the public sphere into the sociological lexicon.

He viewed this realm as mediating between the organized political institutions of the state and the economic forces of civil society. The public sphere included all the activities and organizations capable of fostering public debate. These range from the free press to the town meeting, from the family to salons, and from the educational system to the cheap production of books. The roots of the public sphere may derive from the medieval free cities, but it gained ground during the Enlightenment and the democratic revolutions of 1688–1789. This was the context in which open deliberation became a value in its own right, the aggrieved masses employed their common sense, and individuals exercised their civil rights. Public opinion was a source of empowerment: it tended to protect the individual from the arbitrary power of regimes still wavering between monarchy and republicanism.

All the great movements for political democracy and material equality—from the social democratic labor movement of the nineteenth century to the civil rights movement and the women's liberation movement of the 1960s—generated a vibrant public sphere. It is even fair to say that the character and power of a movement can be gleaned from the vitality of its public sphere.

With respect to empowering the masses, however, the problem arose once public opinion became identified with publicity. As the mass media gained dominance, popular struggles began surrendering their power to the organizations and experts involved with the bureaucratic welfare state. The new cultural apparatus increasingly placed a premium on consensus and narrowed the range of debate. Habermas would remain preoccupied with the role played by democratic will formation throughout his career. There is a reason why he initially embraced the student movement of the 1960s. He also continued to believe that an altered civil society might yet contest the increasing dominance of instrumental reason: *Legitimation Crisis* (1975) remains one of his most salient (if neglected) works. But Habermas's emphasis upon the primacy of the liberating discourse and political participation was not shared by most members of the inner circle. As far as they were concerned, "only the word coined by commerce" holds sway, and attempts at mass enlightenment can only result in mass deception.

Reification maintains its hold over public life. More than that—an ontology of false conditions imperils subjectivity and the ability of individuals to render moral judgments. Resistance against the power of the happy consciousness thus turns into an ethical imperative. At least that is what the Frankfurt School believed. The question is only what such resistance implies and entails. If the totally administered society is truly total, and capable of integrating and domesticating all critical undertakings, then the prospects for political action are dim. Resistance as political practice is a worthless enterprise. The negation is the only available option, and negative dialectics must define the critical enterprise. If organized activity can prove effective, by contrast, then the system is not totally administered and, since meaningful alternatives exist (with respect to policy and programs), a different critical approach is required. Viewing the totally administered society as an immanent tendency doesn't help matters: negative dialectics and a theory of practice are mutually exclusive alternatives.

Tolerance and public life

Following the return of the Institute for Social Research to Germany in 1947, ironically, its inner circle turned into genuine public intellectuals. Max Horkheimer became Rector for the University of Frankfurt. Fearful of both communism and the kind of social disruption that generated Nazism, he supported the Vietnam War and proved a staunch critic of the student movement. Herbert Marcuse and Erich Fromm, meanwhile, became intellectual superstars during the 1960s and 1970s. Both identified with the New Left and openly supported movements concerned with social justice, anti-imperialism, human rights, the abolition of nuclear weapons, and constraints on the military-industrial complex.

As for Jürgen Habermas, his essays on contemporary political matters have been collected in countless volumes. An early advocate of educational reform and the New Left, though sharply critical of its excesses, Habermas always honored its commitments to radical democracy and social justice. Even T. W. Adorno took on a public role. Known as a fierce critic of the New Left, which was often represented by his own radical students, he provided dozens of radio interviews and popular essays that sought to clarify his ideas. He even offered a withering analysis of astrology in "The Stars Down To Earth" (1953).

If the Frankfurt School was participating in the public sphere, of course, it was legitimate to ask whether this did not indicate the existence of an open society. Tolerance was apparently being extended to critics of the totally administered society. That situation might produce conceptual confusion. Herbert Marcuse sought to deal with this matter in what became perhaps his most notorious essay "Repressive Tolerance" (1965). In that work, he maintains that the classical liberal notion of tolerance has lost its radical character.

Once connected with the critique of religious prejudices and political authority, experimentation and the exercise of judgment, tolerance has turned into a bulwark for the status quo. Marcuse's argument once again relies on the idea that the medium is the message. Insofar as the culture industry presents all positions on any issue in a public forum, they all ultimately appear as having equal value. Tolerance as exhibited by the culture industry thus renders all truth claims relative—or, better, turns their acceptance into a matter of taste. Now it is not just beauty but *truth* that lies in the eye of the beholder. What happened to art has happened to the discourse. Both become subordinate to the commodity form whereby qualitative turns into merely quantitative differences. When considering imperialism and war, or assaults on the welfare state and creationism, one stance is as good as another. The mass media renders resistance no more legitimate than support.

Repressive tolerance is a real phenomenon. Fox News is a living embodiment of the concept. But that doesn't mitigate the problems associated with Marcuse's essay. There is, first of all, a difference between arguing that tolerance has lost is radical edge and that tolerance is repressive. The political emphasis is also misplaced. The real problem was never repressive tolerance but the *repression of tolerance*. Censorship is still rife and, historically, the Left has usually suffered the most when civil liberties were constricted in advanced industrial societies.

Marcuse's essay has little to say about criteria for judging what is to be censored, the bureaucracy required for instituting censorship, or the likelihood that such a bureaucracy will grow. It also ignores how the culture industry has often attacked intolerance and reactionary values: *All in the Family* and its main character, Archie Bunker, began a trend. Television sitcoms like *The Cosby Show* and *Good Times*, or *Will and Grace* and *Ellen*, may not have critically depicted the "real life" of oppressed and maligned groups. But they were progressive in the broader ethical and political agendas that they served. Talk about the integration of the gains that these subaltern groups have achieved, or how they strengthened the system, only begs the question: Were these gains domesticated or was the system itself forced to adapt and change?

Marcuse's *One-Dimensional Man* highlights the possibilities attendant upon redirecting technology to overcome scarcity and pacify existence. Advanced industrial society, however, still rests on a structural contradiction between the interests of the bourgeoisie (which buys labor power and controls the means of production) and the working class (which sells its labor power and stands in alienated relation to the means of production). But this objective contradiction is not subjectively perceived as such. Political consciousness on the part of the working class is lacking due to the real failings of communism, the seeming affluence of Western capitalism, and—perhaps above all—the culture industry.

Marcuse popularized that concept in the United States. Like other members of the Frankfurt School, indeed, he was deeply concerned with how it prefabricates experience and nullifies critical thinking. His perspective clearly builds upon *Dialectic of Enlightenment*. What should serve as the aesthetic sublimation of erotic and life-giving impulses into art is instead transformed by the culture industry as the work adapts itself to the logic of commerce. "Repressive de-sublimation" drains its liberating and critical potential. Individuals are thrown back on their own resources. Loneliness and alienation produce an ever greater reliance on the culture industry and participate in the happy consciousness. Popular art strengthens the system even as it diminishes the psychological capacity for exercising the utopian imagination. The popularity of an artwork produces its death throes.

But is it true that the popularity of a work necessarily invalidates its critical character or artistic radicalism? The seemingly endless array of rebels without a cause evince what Adorno called "non-conformist conformity" while the shallow cynicism and pseudo-heroic combat against imagined conspiracies offer what Paul Piccone—the mercurial editor of the journal *Telos* that brought critical theory to America—termed "artificial negativity."

But, surely, that is not the case with great artists like Charlie Chaplin or Bob Dylan or Francis Ford Coppola. Condemning the artistic quality of their works is possible only if they are denied the status of art by definition. Yet that is the claim made by Horkheimer, Adorno, and—albeit with a twist—even by Marcuse. It is the only position that fits the reification argument in *Dialectic of Enlightenment* and *One-Dimensional Man*.

Explanations are offered; qualifications are made; and strained justifications are introduced. At the end of the day, however, no popular artist was ever championed by the Frankfurt School. Most of its members simply didn't like popular culture. They had no feel for it, and they showed no interest in its achievements. Adorno stated in *Minima Moralia* that "every visit to the cinema leaves me, against all my vigilance, stupider and worse." He would later revise that statement. But the same sweeping judgment, the same overarching condemnation, occurs in his notorious essay "On Jazz" (1936). Adorno is never clear about what he means by "jazz." Whether it refers to the specific genre or popular music in general, however, is irrelevant. His essay offers no understanding of what is actually a tradition with its own canon. There is little discussion about the live experience of jazz, less about its connection with the blues, and still less about its origins or its evocation of lives dominated by racism and poverty. "On Jazz" is content to note the psychological regression and loss of individuality produced by supposedly illusory improvisation and simplistic syncopation by a mass phenomenon that is now (interestingly enough) even less popular than classical music.

"On Jazz" exhibits a profound cultural pessimism. It rests on general claims and it is unconcerned with distinguishing between artists or artistic works. Comparisons never emerge between say, Louis Armstrong and Paul Whiteman or Duke Ellington and his imitators. There is nothing about the great songs that were interpreted and reinterpreted by a host of extraordinary female vocalists.

To this extent, indeed, Adorno's essay reflects the undifferentiated image of a totally administered society that animated *Dialectic of Enlightenment*. The lyrics of songs sung by Bessie Smith, Ethel Waters, and Billie Holiday apparently don't inspire genuine resistance. What resistance should mean, however, remains as vague as ever. The same situation pertains to politics. Even Marcuse admitted as much when he wrote in *One-Dimensional Man*: "The critical theory of society possesses no concepts which could bridge the gap between the present and its future; holding no promise and showing no success, it remains negative. Thus, it wants to remain loyal to those who, without hope, have given and give their life to the Great Refusal."

Chapter 7
The great refusal

Critical theory was an important intellectual impetus for the European student movement of the 1960s. In the United States, however, most seminal works of critical theory were translated only during the 1970s. That was when journals like *Telos* and *New German Critique* began gaining an audience and publicizing its most important representatives. Complicated ideas about alienation, the domination of nature, regression, utopia, and the culture industry made critical theory relevant for young intellectuals who were coming of age amid the turbulence of the times and were trying to make sense of what was happening around them. But the rebellion and the solidarity of the young employed the culture industry. That made its radical character no less real. It soon enough became apparent that art is not a lost cause even after Auschwitz. The identification of culture with the happy consciousness is never quite as absolute—or not yet as absolute—as some might care to believe.

The new sensibility

Activists during the 1960s still understood critical theory within the context of Marxism. Herbert Marcuse insisted that transforming advanced industrial society required action by the working class. But he felt that its outlook had been manipulated by the culture industry, economic gains, and the political establishment. Revolutionary consciousness could arise only outside its ranks. Women, people of color, anti-imperialist movements at the periphery of the system, intellectuals, and bohemians might provide the working class not merely with a revolutionary spark, but with something more elusive: a new sensibility. These new catalysts of revolution would embody what Andre Breton originally termed the "great refusal."

Here, once again, critical theory evinces its connection with modernism, Breton was a legend among the European avant-garde and the guiding light of surrealism. He called for rebellion against the settled habits of everyday life and direct action by the proletariat against the state. Above all, however, Breton endorsed a form of art that rejected the familiar, the consensual, and the traditional. His aesthetic was dedicated to an assault upon narrative and linear rationality.

Both Benjamin and Adorno had been fascinated by surrealism during the 1930s. They, too, endorsed montage, stream of consciousness, the epiphany, and the liberation of the unconscious. Especially Benjamin saw surrealism as evoking a kind of "revolutionary intoxication" whose enemy was the everyday life of bourgeois society. The great refusal was understood by Marcuse as animating resistance to cruelty, exploitation, and the inhumane values of advanced industrial society.

An Essay on Liberation, among his most popular works, saw the great refusal as generating a utopian sensibility. That the young rebels embodied this is surely an exaggeration. The marginal groups were perhaps never quite that marginal. It is probably better to speak of burgeoning new social movements—partially generated by expanding labor markets—and strip them of revolutionary and utopian pretensions. Their most impressive successes were achieved through the courts and by political legislation. But it is easy to be too cynical. There was a widespread revulsion against war and the "military-industrial complex." There were radical demands for transparency and for democratic accountability. The "Great Society" programs of President Lyndon Johnson were responses to pressure from below by community-based organizations and new social movements. The "freedom riders" that fought for civil rights in the South were outsiders. In Europe and Latin America it was radical intellectuals like Rudi Dutschke and Danny Cohn-Bendit whose followers ignited the huge strike-wave of 1968 that was marked by a democratic ideal of *autogestion* that harked back to the workers' councils and the Paris Commune.

Environmentalism, animal rights, and an assault on male chauvinism were outgrowths of the new sensibility. Educational reform of a radical sort mixed with the demands of cultural modernists for the transformation of everyday life. Sexual mores and race relations changed. The quality of life emerged as a matter of fundamental concern—and, undoubtedly, aesthetic perceptions changed as well. The New Left evinced a deep appreciation of subjectivity. People of color, women, gays, and intellectuals sought to make sense of the world and gain a measure of existential meaning and purpose for themselves. The New Left was the first mass movement that privileged cultural transformation. That was what created its affinity for critical theory and the Frankfurt School.

Conservative attacks on the adversary culture in the 1980s in the United States, and then again in the aftermath of 9/11, brought with it an overarching attack on the welfare state and civil liberties in the name of nationalism, militarism, and imperialism. Marcuse anticipated something like this in *Counter-Revolution and Rev*olt (1972). He speculated about reactionary attempts to undermine the political interests and ideals associated with the new sensibility His own sensibility underwent not so much a change as a shift in emphasis. His last published work, *The Aesthetic Dimension* (1978), notes that its "debt to the aesthetic theory of

Theodor W. Adorno does not require any specific acknowledgment." There was still a hint of hope—but it was fading. The great refusal embodied in modernist art of an explicitly political sort (like that of Brecht) now exited the stage. Aesthetics should now affirm not the consciousness of a movement, or some new form of historical subject, but genuine individuality whose existence is imperiled by forces far grander than what the rebels of '68 imagined.

Utopia is always less a finished product than a longing for transcendence. Especially where the culture industry defines public life, where concepts are continually simplified and ideals are turned into platitudes, cultivation of that longing perhaps assumes value in its own right. That was certainly what Max Horkheimer came to believe toward the end of his life. He also knew that individual experience is easily manipulated and that the critical impulse within seeking transcendence cannot be taken for granted. There are drugs; there are preachers; there are cults; and always there are promises of redemption and bliss. The culture industry thrives on happiness. It is standardized and prepackaged. But real happiness contests a miserable reality. It speaks only to the experience of the particular individual—like the religious notion of grace.

In "The Ego and Freedom Movements" (1936), Horkheimer insisted that unconditional happiness cannot exist—only the longing for it. That longing denies all attempts by the commodity form and instrumental rationality to transform the qualitative into the quantitative and the sacred into the profane. Each of us has a natural desire for eternity, beauty, transcendence, salvation, and God—or what Horkheimer ultimately termed the "longing for the totally other." He makes no promises, depicts no ritual, and provides no church. But this longing provides the foundation for resisting the totally administered society and affirming individuality. The longing for the totally other has nothing in common with organized religion. Nevertheless, its reliance on negation incorporates its hopes for paradise and its ability to experientially affirm the self.

Ernst Bloch once said that the truth is a prayer. Yet the inexpressible is perhaps best expressed by music. It provides the encounter with what is deepest within us. In his classic *Philosophy of Modern Music* (1958), similarly, Adorno was obviously referring to redemption when he insisted that the intimation of "someone returning" is "expressive of all music, even in a world that deserves to die." There is a way in which all of this tends to identify negation and utopia with existential experience. Stripped of all determinations and mediations, intimations of clarity and hope can be elicited (though never defined) by religion, art, and philosophy. Hegel had viewed these domains of the mind as being rendered ever more distinct by historical progress. But that perspective is inverted by the Frankfurt School. Religion, art, and philosophy now become almost interchangeable in the inexpressible truth they project.

Whatever differences exist between them lack any practical significance. Freedom stands beyond mimesis–like God—and that is also true of hell. When Adorno noted that "there can be no poetry after Auschwitz," the oft-quoted and oft-revised line that concluded "Cultural Criticism and Society" (1951), it was meant in just this spirit. The religious injunction of Judaism now takes aesthetic form. The incarnation of evil, like the incarnation of good, can only be intimated and never depicted: no objectification of God can be perfect enough and no objectification of the Holocaust can be horrific enough. Adorno drew the radical implications of this position in *Minima Moralia* when he wrote: "only insofar as it withdraws from man can culture be faithful to man."

Embracing the negation

The Frankfurt School breathed the air of European modernism. From the last quarter of the nineteenth century until the Nazi triumph of 1933, it seemed, an international avant-garde was contesting an emerging mass society with its emphasis upon bureaucracy, standardization, scientific rationality, and the commodity form. Countless Impressionists, Cubists, Expressionists, Futurists, Dadaists, and Surrealists sought to experience the world anew. Through a blizzard of philosophical-aesthetic manifestos they launched an assault upon everything associated with the "realistic" purposes of art in the name of the utopian imagination and the liberation of individuality. Resistance shifted from the political to the cultural realm. Or, in the case of the Frankfurt School, the moment in which critical reflection provided by philosophy blends with the experiential intensity highlighted by aesthetics. The negation turned into the point of transcendental resistance in which subjectivity contests the ontology of false conditions.

The Frankfurt School was always suspicious of organized politics. Implicit in its views on alienation and reification was the belief that linking theory to practice would only further the plans of the terrible simplifiers. The dangers of anti-intellectualism seemed palpable, and in "Resignation" and the other essays comprising *Critical Models 2* (1969), Adorno expressed his contempt for those who say "enough talking already." The practice in which they wished to "join in" could never be radical enough given the way in which the culture industry would present it. Young people had lessons to learn from totalitarian movements with their propaganda apparatus and their contempt for the individual. Affirming individuality was the best response to the totally administered society. But there is something self-serving about all of this.

Activity that evidences a plausible connection between ends and means is not the same thing as action for its own sake or what Adorno termed "actionism." Theory is surely not reducible to practice. But this doesn't mean it should turn its back on illuminating the constraints and opportunities for change. That political activity does not always generate reflection is a hard lesson. Adorno was right to teach it. But his call to "think" sounds like the stern command of a provincial schoolteacher; it becomes a code word for standing above the fray. Resignation remains what it is: rejection of engagement and withdrawal from the organized project for institutional change.

Adorno's essay titled "Engagement," which is included in *Notes on Literature* (1969), is a direct assault on Bertolt Brecht and Jean-Paul Sartre. Both of them were sympathetic to communism and both emphasized the need to connect literature with a partisan view of political trends. Sartre wrote in *What Is Literature?* (1947) that no great novel can be written that endorses anti-Semitism. With an eye cast on Brecht's didactic plays like *The Measures Taken* (1930), which contains the famous line "the party has a thousand eyes, we have only two," Adorno retorted that no great novel can be written in praise of the Moscow trials either. He always believed that the idea of a politically engaged literature is a contradiction in terms. It can offer neither critique of the totality (since the artwork is always partisan in its politics) nor any meaningful utopian vision (since genuine happiness always stands beyond objectification).

The ability to depict the eradication of subjectivity in a totally administered society, a nightmarish world of bureaucracy with no exit and no meaning, is precisely what made Franz Kafka's writings so seminal for this brand of critical theory. Something is always elusive in Kafka. What? Not only subjectivity, whether of the character or the onlooker, but the manner in which it is elicited.

Aesthetic Theory (1969) projects notions of subjectivity, freedom, and utopia that resist all objectification. Adorno's towering work—that demonstrates his extraordinary intellectual power and justifies his enduring appeal—stresses the tensions arising within the artwork as a social monad. Kant's view of aesthetic experience as exhibiting a kind of purposeful purposelessness thus exists within the same phenomenon that, following Marx, embodies specific forms of repression. Conflicts are embedded in the work between form and content, reflection and experience, technique and inspiration, utopian hope and anthropological negation. The work of art is thus a "force field" of conflicting tensions. Critical aesthetics should highlight them. Its true aim is not to create a shared understanding of the world through some common identification with characters, narratives, and themes but, instead, to intensify experience. That is why, according to Adorno, the paradigmatic moment of art is "fireworks."

Not many artists are capable of generating this moment, and Adorno's essay on a play by Samuel Beckett, *Understanding Endgame* (1961), is both a masterful investigation of dramatic technique and a superb condensation of his general aesthetic outlook. Beckett creates a world of illusion that each experiences differently. Its "truth content" appears in its aesthetically formed resistance to the world of reification and alienation. The character of its response, however, is inexpressible: it is rendered unique for each member of the audience.

The longing for the totally other implicitly makes itself felt. Adorno was surely aware of that. From Benjamin, after all, he had learned that aesthetic critique rests on the (hopeless) hope of redemption. There are no good old days as romantics and conservatives still tend to think. Beckett's *Happy Days* (1961) offers a searing indictment of that idea with its characters ultimately buried in sand up to the neck while indulging in recollections of the past that never occurred. Both of these plays by Beckett are minimalist in their staging and dialogue. It should be noted that Adorno always sought to prevent the use of aesthetic form from degenerating into formalism and utopian longing from collapsing into irrationalism. His corrective lies in the critical connection of the work to the ontology of false conditions and its rejection of all facile attempts to live the wrong life rightly.

Negative Dialectics (1966) is the philosophical articulation of this enterprise. Its starting point is a metacritique of idealism that builds upon *Three Studies on Hegel* (1963). The break between history and freedom once again becomes the centerpiece of the argument. No prefabricated harmony is possible between the individual and society. Creating an identity between subject and object is self-defeating. History is the realm of un-freedom, the increasing subjugation of subjectivity, and the triumph of necessity and instrumental rationality over happiness and subjectivity. Belief in the march of progress has been invalidated by the triumph of totalitarianism. Conceptualizing the individual in universal terms was a mistake from the beginning.

Kant succumbed to that idea. So did Hegel and Marx. Their teleological outlook seemed to justify every sacrifice in the name

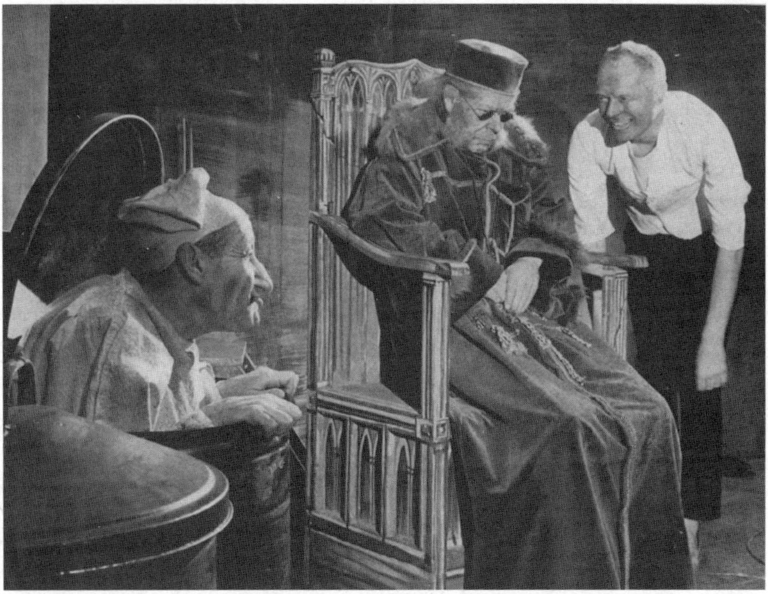

8. According to the interpretation by T. W. Adorno, *Endgame* by Samuel Beckett elicits subjectivity and thereby serves to resist the totally administered society. This photograph shows a scene from the play.

of bringing about an ill-fated unity between subject and object. Subjugated either to the World Spirit or the working class, the individual was left without experiential moorings and, effectively, disempowered,

Negative Dialectics and the *Three Studies on Hegel* contest this set of assumptions. Each shows how the Hegelian "negation of the negation" that supposedly produces ever more positive determinations of freedom actually undermines autonomy through increasing reification. These works by Adorno validate the negation in its own right without reference to any historical understanding of progress. Resolution of the tensions between the individual and society is impossible. The attempt to project it is a self-defeating enterprise. Negative dialectics affirms instead the non-identity between subject and object, the individual and society, as well as the particular and the universal. Non-identity, however, cannot simply be proclaimed. Critical reflection is required to explain how it is expressed in any particular circumstance and how the given experience escapes objectification.

Adorno puts the matter clearly in one of his 1965 lectures that dealt with *Negative Dialectics*: "[P]hilosophy is the contradictory effort to say, through mediation and contextualization, what cannot be said." The longing for the totally other fosters a situation in which the conceptual must constantly seek to grasp the non-conceptual. The connection is palpable between Adorno's outlook and that of Beckett in *The Unnamable* (1953): "I can't go on. I will go on."

Resistance involves rejecting the ontology of false conditions without thinking it can be changed. The philosophical blends with the aesthetic and the religious as well. Hegel is turned not on his head, but inside out: the qualitative distinctions between the three moments of his Absolute Idea are abolished. There remains only reflection upon the indefinable and indeterminate longing for freedom that has been elicited by the reality that denies its realization. Herein is the last vestige of solidarity. The metacritique has no room for institutions or organizations capable of concretely fostering (or inhibiting) solidarity in a world dominated by the commodity form, bureaucratic hierarchy, and the culture industry.

Solidarity, like resistance, thus takes a new metaphysical form. The logic of historical materialism immanently insists upon such a change. Communism is dead, social democracy has been domesticated, and the culture industry has rendered it impossible to conceive of a transformative agent. Reality itself calls for privileging metaphysics over materialism. In *Negative Dialectics*, therefore, Adorno could write that "philosophy, which once seemed obsolete, lives on because the moment to realize it was missed."

Chapter 8
From resignation to renewal

Critical theory was originally intended as an alternative to mainstream forms of both metaphysics and materialism. Its aim was to illuminate hidden sources of repression and neglected transformative possibilities. Following the outbreak of World War II, however, the Frankfurt School concluded that liberating alternatives had vanished. Critical theory awoke in Hegel's night where all cows are black. Resistance took an increasingly existential form. It now rested on intensifying the non-identity between the individual and society. The "system" became the point of reference. Negation confronted the ontology of false conditions. Hints of utopia contested civilization. "He wants all or nothing," Brecht once wrote, "and in response to this challenge the world usually answers: then better nothing."

A critical theory of society

The Frankfurt School first achieved popularity in the United States by appealing to what Martin Jay, its first historian, termed "the generation of 1968." Well into the 1980s, critical theory was still considered eccentric in mainstream academic circles and somewhat exotic even among progressive intellectuals. With the collapse of the New Left, however, the Frankfurt School became institutionalized within the academy. Critical legal studies, critical race theory, critical gender studies began interrogating prevailing paradigms and assumptions. As subaltern groups emerged from the shadows of public life, however, the integrated assault upon an integrated system of domination began to erode. New emphasis was placed on contesting master narratives, the established canons of the Western tradition, and even popular culture entered the mix. The critical theory of society, its coherence, was becoming imperiled. Its transformative purpose was taking increasingly arbitrary forms.

New proposals have not been forthcoming for dealing with imperialist exploits, economic contradictions, the state, mass media, and the character of resistance in modern society. The negation is casting a pall over critical theory. The intellectual heir of Hegel and Marx now lacks an understanding of power and, as a consequence, the ability to confront the imbalance of power. Correctives exist in some of the more neglected writings of the Frankfurt School.

Essays like "State Capitalism" (1941) by Friedrich Pollock provide a starting point. Its analysis of the "command economy" forces us to consider whether talk of the free market is anachronistic and whether old notions of nationalization are equivalent with socialism. "Confining Conditions and Revolutionary Breakthroughs" (1965) by Otto Kirchheimer warns of tendencies of the modern state to render emergency powers "normal." Posthumously published essays like "A History of the Doctrine of Social Change" and "Theories of Social Change" by Herbert Marcuse and Franz Neumann speak to the presuppositions that a genuinely critical theory of society must confront

Contemporary philosophical and literary offshoots of critical theory usually treat power as an artificial social or linguistic construct. The accumulation process disappears, the system takes on a life of its own, and individuals are left to find a common basis for solidarity in notions of recognition or care that lack any institutional or organizational referent. Domination is thereby severed from exploitation and principle is divorced from interest. An alternative to the overtly metaphysical and subjective trends within critical theory is offered by Jürgen Habermas.

Communication is seen by him as inherently grounded in the open character of the discourse, the recognition of each participant as equal, and the willingness of each to change his mind when faced with a better argument, Communication, in short, does not require some kind of metaphysical ethic separate from practice. It harbors its own "universal pragmatics." Or, to put it another way, communicative ethics preserves autonomy while fostering solidarity in the very desire to communicate. Those who deny the norms of this ethic, or who exercise power arbitrarily, deny the very means they use to persuade: they find themselves caught, philosophically speaking, in a "performative contradiction."

But the metaphysical turn in critical theory has resisted—or, better, incorporated—Habermas' challenge. *Robert's Rules of Order* embodies similar principles. Whether this handbook for guiding public meetings is taken seriously by the participants, of course, is another matter. The practical contribution of the universal pragmatics is not self-evident. Communicative ethics allows liberals and rationalists to congratulate themselves whenever they avoid falling into a performative contradiction. Many of their political adversaries, however, privilege intuition and experience in evaluating truth claims, Others who are more extreme have no interest at all in truth claims. Most of these people would probably respond, when caught in a performative contradiction, so what?

Speaking truth to power presupposes the ability to render it visible—and concrete. *The Authoritarian Personality* (1950) renders an important service in this regard. Edited by Adorno, and various other collaborators, it notes psychological differences between individuals and calls for re-educating not merely the anti-Semite in particular but the parochial and bigoted personality in general. Using empirical techniques like the famous "f-scale" or "fascism scale," its authors illuminate the reactionary character structure and castigate its effects. They emphasize how the authoritarian personality shows contempt for the outsider, the new, and the different. They highlight its penchant for violence, and they plead for policies fostering tolerance.

On first blush, of course, there is something strange about this coming from the inventor of negative dialectics. The study smacks of mass education and adaptation to establishmentarian standards. Potential now seemingly exists for intervening in what elsewhere is considered a seamless whole. But, then, there is the warning that the authoritarian and non-authoritarian personalities are different less in kind than in degree. The qualitative distinction between them appears more illusory than real. The authors vacillate between embracing reform and denying its utility.

In his *Introduction to Sociology* (2000), and other works, Adorno stated his opposition to civic passivity and his support for progressive reform. But the question of agency was left hanging in the abstract. He also never dealt with the impact of reform on the totally administered society or the ontology of false conditions. That Adorno should have undertaken a critique of the exchange relationship under capitalism does not change matters. The totally administered society and the genuine negativity it requires are both insulated from any commonly accepted notion of political action. In "Theory, Practice, and Moral Philosophy (2001)," therefore, Adorno can envision a new form of practice that "resists the call of practicality" and that, precisely because it rejects any instrumental usage, thereby "contains a practical element within itself." Or, more simply, theory becomes practice—though it need contribute nothing with concrete implications for liberating society.

9. A new direction for critical theory finds its source in the famous inscription on the statue marking Karl Marx's grave site in London: "Philosophers have only interpreted the world. The point is to change it!"

Scrutiny is required of the metaphysical turn taken by critical theory along with categories like the totally administered society and the ontology of false conditions. The empirical claims of the Frankfurt School concerning the former are invalid and the philosophical reliance on the latter doesn't help make them valid. Eliminating the proletariat as a revolutionary agent did not result in a totally administered society but rather in splits among the elite—or the ruling class—over particular social policies, cultural values, and institutional developments. These have very different effects upon working people and subaltern groups. Opposition still exists between what Marx called the political economy of capital and the political economy of labor.

Neglecting real ideological and material conflicts of interest in the name of an image like the totally administered society hinders the ability to interpret events in meaningful and innovative ways. More is involved than communicative misunderstanding or the imperiled life-world. Meaningful notions of solidarity refer to actual conflicts within society. Without privileging them, indeed, both resistance and domination lose their historical specificity and, hence, their concreteness. They become just another pair of words.

Alienation and reification once spoke to the experience of domination and the imperative of transformative practice. Now they mostly serve to excuse inaction. In order to make these concepts salient once again, in my opinion, it is important to distinguish between them. It is probably best to begin in the following way: Alienation was defined by the young Marx with an eye on overcoming the division of labor and reasserting human control over the production process.

In the twentieth century, however, alienation has taken on other connotations. Elusive and unyielding, it has become associated with feelings of guilt, fear, mortality, and meaninglessness. Utopia is the only response to alienation or, better, the existential problems that plague us and the anthropological foundations of our existence. Reification should, by contrast, be considered fungible—and the target for social action. It exhibits less the framework for advanced industrial society than the impact of its workings. Instrumental rationality is nothing more than a mathematical technique for dealing efficiently with scarcity. It can empower victims of pre-capitalist prejudices as easily as it can reduce the worker to a cost of production and human beings to disposable resources.

What counts is not the formal character of bureaucracy and instrumental rationality but rather the (often hidden) values and interests informing how they are employed. Critical theory should be scrutinizing the purposive ends or, better, the different priorities and interests embedded in the policies and institutions that are shaping our lives. Obsession with the formal character of instrumental rationality is itself an expression of reification that has had debilitating effects on the interpretation of science and its methods.

Critical theory originally confronted orthodox Marxism by severing the inquiry into society from the inquiry into nature. Treating instrumental rationality in terms of epistemological formalism, however, undermines that distinction. Sociological attempts to contextualize scientific theories and technological innovations are both legitimate and salient. It is another matter, however, for a normative theory to judge the internal workings of scientific theories and techniques. To put it crudely, critical theory can offer fruitful perspectives on the historical genesis and social uses of, say, the theory of relativity introduced by Albert Einstein. But it should not attempt to make philosophical judgments about its truth character.

Contesting reification does not obliterate the need for disciplinary expertise and the ability to know what one is talking about. Utopian visions of a new science, especially one that lacks criteria for verifying its truth claims, are also defined by the reification they oppose. Critical theory would be better served by building upon the notion of "falsifiability" that Sir Karl Popper introduced in *The Logic of Scientific Discovery* (1959). The spirited "positivism debate" of the 1960s between the Frankfurt School and its more scientifically inclined rivals treat this matter and others from a number of fascinating perspectives. Advocates of critical theory, however, usually tend to underestimate the methodological importance and practical implications of viewing scientific truth claims as provisional and open to revision in light of future research. Such a stance, indeed, fits neatly into the critical enterprise.

To be sure: scientific paradigms and their criteria for verifying truth claims will change down the line. Even "paradigm shifts" will take place. Thomas Kuhn suggested in his classic *The Structure of Scientific Revolutions* (1962), however, that they will occur because new problems are encountered that the old scientific methods cannot adequately address—not because philosophers engage in some abstract indictment of science based on an inarticulate utopian vision.

Articulate utopian approaches, by contrast, might have something to offer. Without jettisoning the natural sciences, but while circumscribing their conceptual applicability, Ernst Bloch's *Avicenna and the Aristotelian Left* (1949) offers an innovative cosmological view of nature predicated on a reinterpretation of Aristotle. Highlighting his neglected notions of potentiality and dynamism for understanding the life world, employing Avicenna and Averroes to juxtapose the living quality of nature (*natura naturans*) against its empirical expressions (*natura naturata*), this work generated a view of the ecosystem that would have profound significance for modern ecology and environmentalism.

Nature is seen by Bloch as irreducible to its empirical constituents, (which is precisely what capitalist rationality assumes), and as a life-sustaining element of humanity. Scientific rationality of the traditional sort has its place, but the cosmological element within nature sets boundaries for what instrumental rationality can ascertain and projects ethical priorities for its employment. The ecosystem becomes the target of cultivation and preservation. Recognizing the subject or life-sustaining quality of nature, which is hidden behind its objective manifestations, is the precondition for genuine radicalism and any meaningful notion of utopia. Whatever its problems, therefore, Bloch's speculative inquiry into materialism has social implications: its critique presents a positive conceptual response to existing environmental assumptions that have had such devastating implications.

Engaging in critique need not require an anthropological break with reality. Norms are required in order to evaluate the alternatives on any given issue. But they hang in the abstract unless related to often conflicting interests and the ability to realize them. Power is an ineradicable element of modern society. It is neither an artificial construct nor an arbitrary determination of the will. Its mediations and determinations define the character of society and the political reaction to it. Freedom becomes, once again, the insight into necessity.

Franz Neumann alludes to these matters in his classic essays, "Approaches to the Study of Power (1950) and "The Concept of Freedom." He notes that the issue for modern society is much less the curtailment of political power than its reasonable employment. Only by drawing this distinction is it possible to prevent the theory of reification from itself becoming reified. Critique begins with its commitment to freedom. For this to become concrete, however, theory needs to engage the matter of power. Just as institutions can retain too much power so is it possible for them to retain too little. Competing institutional visions will offer qualitatively different policy options. Criteria are necessary for distinguishing between rational and irrational forms of authority and policy. A genuinely critical theory of society should provide them.

The politics of enlightenment

Enlightenment theory and practice focused upon curtailing the arbitrary exercise of institutional power, fostering pluralism, and enabling the exercise of individuality. Not the "Great Refusal" but this complex of ethical and political themes informed the great progressive movements of the past. That was the case with the socialist labor movement, the civil rights movement, the women's liberation movement, the anti-communist uprisings in Eastern Europe, and the most democratic and egalitarian trends within world religions and the once colonized world. The implication is clear: invigorating the transformative purpose of critical theory calls for revising its primarily negative view of the enlightenment legacy.

Walter Benjamin's *German People* (1933) perhaps provides a place to begin. It is composed of letters that he collected over the years. They were written not by famous people but rather by their friends, relatives, or associates. These were everyday people inspired by enlightenment ideals like Kant's brother or Goethe's close friend. This little book rebukes the common wisdom. The Enlightenment extended beyond a small circle of intellectuals. Its political values and cultural concerns spoke to those who sought a more decent and liberal world.

The Frankfurt School was profoundly mistaken in thinking that the Enlightenment—or, better, its scientific rationality—should be interpreted as triumphant or in isolation from the theory and practice of its rivals. Enlightenment thinking has always been on the defensive. That remains the case. From the "Know-Nothings" of the early nineteenth century to the Ku Klux Klan to the "America Firsters" to the "Tea-Baggers" of our own time, indeed, the United States has suffered from what Richard Hofstadter called a "paranoid" strain in its politics. The most cursory look at world events further justifies this assessment. Human rights, tolerance, cosmopolitan ideals, (and even science) are most everywhere under siege—or, at least, contested—by forces of religious fanaticism, cultural provincialism, and authoritarian reaction.

Ernst Bloch's *Heritage of Our Times* (1935) argues that modernity generates resentment and support for atavistic values by premodern constituencies that feel themselves imperiled by its effects. In analyzing fascism, he investigates contradictions existing in a variety of social spheres that have been carried over from one period to the next in which they assume a new character. If capitalist society is shaped by specific conflicts of class interest, for example, it also exhibits pre-capitalist (and thus nonsynchronous) problems with sexism or racism or even leadership that require previously unanticipated solutions. If only for this reason the future is always open. That the political and ideological opponents of modernity can still achieve power is what this perspective has to teach.

In castigating the Enlightenment, the Frankfurt School ignored what Sir Isaiah Berlin first termed the Counter-Enlightenment. Luminaries of the reaction like Johann Georg Hamann were of an inferior intellectual caliber than their liberal opponents. They reveal themselves as so authoritarian, narrow-minded, and bigoted that they are barely worth reading today. In forgetting about them, however, criticisms of the Enlightenment offered by the Frankfurt School ultimately prove distorted. The phenomenon is judged out of context and with an abstract point of reference.

Liberal republicanism and democratic socialism both have their roots in the Enlightenment. Its partisans were in the forefront of those contesting the exercise of arbitrary power by unaccountable institutions. But they also contributed to the transformation of civil society through their attack on elementary forms of cruelty, religious dogmatism, illiteracy, superstition, xenophobia, and impolite behavior. The enlightenment legacy has only gained in its social and political relevance. There are three basic political points for critical theory to consider:

1) Enlightenment ideals evince an elective affinity with anti-authoritarian movements. Left wing movements tend to privilege cosmopolitanism over parochialism, reason over intuition, skepticism over tradition, and liberty over authority. It only makes sense that right-wing movements should embrace the Counter-Enlightenment. Two movements were in conflict from the start. The dialectic of enlightenment is a fiction.
2) Enlightenment norms have an inherently critical character. Victims of prejudice inevitably refer to them when calling for remedial action. No custom or tradition, moreover, is exempt from scrutiny. Universal norms associated with the Enlightenment contest the personal prejudices held even by many of its most notable representatives.
3) Enlightenment principles foster pluralism. They expressly reject integral nationalism and the organic community. They also highlight tolerance, experimentation, and autonomy. Only insofar as the liberal rule of law is operative is it possible to speak about the free and practical exercise of subjectivity.

None of this was fully appreciated by the inner circle of the Frankfurt School—and the implications are apparent in its treatment of mass education and the culture industry. Insofar as works of art are treated no differently than other commodities, the culture industry is seen by the Frankfurt School as standardizing aesthetic experience and imperiling subjectivity. An inevitable loss of intellectual standards takes place through its obsession with maximizing profits by constantly lowering the lowest common denominator. Popularity integrates the work into the system. Its critical character and its ability to project an emancipated alternative therefore necessarily diminish. Only highly complex and sophisticated artworks can subsequently elicit those repressed utopian images and experiences of subjectivity that are capable of resisting the debilitating impulses of mass society.

However, there is nothing stagnant about the culture industry. Its aesthetic and technological inventions have been astonishing. It has fostered pluralism by generating multiple publics—each with its own standards of judgment and purpose. Many of its works challenge the status quo and reification. But that is not really the point. Insisting that genuine art must somehow contest the ontology of false conditions is nostalgia for the seminar room masquerading as radicalism.

Critical theory thereby lays itself open to caricature: its negation appears as the liberator incapable of either identifying the form that liberation should take or dealing with the embrace of oppression by the oppressed. Especially the adherents of negative dialectics never seem willing to put anything on the table other than their completely arbitrary taste for what constitutes resistance. Culture has always been used to maintain the rule of the powerful and the submission of the powerless. The ruling ideas," wrote Brecht in *Saint Joan of the Stockyards* (1929), "are the ideas of those who rule." With its abstract preoccupations, however, the Frankfurt School strips resistance to those ideas of any material referent.

Ideological conflicts within the cultural apparatus remain unspecified and indeterminate. Extreme populist tendencies on the Left may condemn complexity, ignore the canon, and dismiss the idea of classic works in ways that render it complicit in its own oppression. Yet critical theory might benefit from a bit less emphasis on the way in which the culture industry manipulates art than with its still untapped potential for shaping progressive political awareness.

Saturday Night Live and the comedienne Tina Fey helped demolish Governor Sarah Palin—the notorious vice-presidential choice of Senator John McCain and the Republicans in 2008—at least for that campaign. Mass media has, of course, been employed by right wing demagogues. But the culture industry is best conceived as what the critical philosopher Douglas Kellner termed a "contested terrain" in which battles are constantly taking place between unequal combatants with opposed ideological visions and values. Or, to put it another way, the culture industry is a branch of commodity production that *can* prove critical of commodity production.

Walter Benjamin treated such themes in "The Work of Art in the Age of Its Technological Reproducibility" (1935). This famous essay juxtaposes the premodern against the modern experience of painting. Taking place in a religious context, the premodern encounter with a painting is bathed in an "aura": the onlooker finds the work unique, authentic, a living symbol beyond the techniques used to produce it, and grounded within a palpable tradition. The technological ability to reproduce the work—think of a painting by Picasso turned into a poster adorning the wall of a college student—strips away its aura, its uniqueness, its authenticity, and its grounding in a fixed tradition. The loss of aura can intensify feelings of alienation and the appeal of reactionary movements intent upon providing an illusory sense of belonging. But the erosion of aura can also open the work to critical reflection or what Benjamin termed "a heightened presence of mind."

Two possibilities subsequently present themselves: either the audience succumbs to emotional manipulation in an inauthentic attempt to experience what can no longer be experienced or it employs critical reflection to foster existential and political awareness. Too often, however, critics of the culture industry essentially deny that choice: the loss of aura is usually understood as presaging the manipulation of subjectivity and justifying the estrangement of art from the tastes and interests of the broader public.

Entertainment and reflection are not always mutually exclusive. Alternative media and cyberspace offer new options for progressive forces. Technical virtuosity also need not prove self-indulgent. Karl Krauss, who was much revered by Adorno, attacked the press and the conformist intellectuals of his time with satirical venom and a linguistic facility rarely found today. But Kraus's assault on the "failure of the imagination" that marked his time had a concrete focus: it was directed at cultural luminaries who were unable to envision the practical implications of their words.

Similar concerns mark an experimental—if highly controversial—novel like *Human Smoke* (2008) by Nicholson Baker. That work about the interwar period and the genesis of genocide employs hundreds of citations and anecdotes for the reader to organize in a constellation that analyzes the terrible dynamics of political violence, disparages mythical icons, reclaims forgotten men and women of conscience, and crystallizes the dignity of pacifism. It is possible to disagree with the author's conclusions, but impossible to ignore the critical perspective on history that he brings to bear or the ethical impulses informing his work. Enough popular intellectuals inside and outside the culture industry are engaged in producing new constellations and rubbing history against the grain—often with a political purpose.

The transformative impulse

Critical theory was originally intended as an interdisciplinary enterprise to which each might bring his or her unique disciplinary talent and expertise. Its representatives highlighted the relation between philosophy and politics, society and psychology, culture and liberation. They conceived of the totality and changed the way in which the social sciences, the humanities, and even interpreters of the natural sciences look at the world.

The Frankfurt School called outworn concepts into question. They looked at cultural ruins and lost hopes and what hegemonic cultural forces had ignored or repressed. They demanded that those committed to the ideals of liberation respond to new contingencies and new constraints. They also intimated the need for a new understanding of the relation between theory and practice. It is a proud legacy that is worth preserving—although without slavish devotion to this or that position or prophecy. Critical theory has new conditions to confront: the world has grown larger, new encounters with old civilizations have taken place, identities have multiplied, and—perhaps for the first time—it is possible to speak about a global economy and cultural system.

When Max Horkheimer took over the Institute, he hoped that critical theory would become a kind of public philosophy rather than yet another academic specialty that catered to an audience of experts. If this is still the goal, then critical theorists need to stop using the style of a tax form and abandon a one-sided analysis of mass culture based on the proposition that popularity—or clarity—is somehow inherently detrimental to the radicalism of a work.

Fostering a radical public philosophy is possible only by interrogating public problems and offering alternatives to the ways in which society stunts individuality. Critical theory has too long indulged what Thomas Mann first called a "power-protected inwardness." New aims and methods are necessary to illuminate imbalances of social, economic, and political power with an eye on the prospects for intervention.

Such an enterprise rests on clarifying the values and interests that existing ideologies and institutions tend to hide—so that everyday people can judge them and respond appropriately. C. Wright Mills made just this point in *The Sociological Imagination* (1960). In that classic work, which was strongly influenced by critical theory, this noted radical thinker called upon academics and intellectuals to transform "private troubles into public issues." Women have already turned incest and spousal abuse from private into public concerns; gay and lesbian citizens have advocated the need for legislation against "hate crimes"; people of color are challenging institutional racism; and countless other attempts have been made—and are still being made—to render the myriad institutions of the powerful accountable to the disempowered.

Agency has not disappeared from the world. Radical social movements still exist. But they are divided by deep and abiding differences. There is competition for resources, loyalty, and publicity. Incentives exist for organized interest groups to engage in the moral economy of the separate deal—so that the whole of the Left becomes less than the sum of its parts. Critical theory can help in coordinating interests with new categories and new principles. It has other tasks as well.

Democracy remains unfinished; cosmopolitanism is challenged by identity; socialism requires a new definition; and class ideals still await realization. The cultural inheritance of the past has still not been reclaimed; our experience of the world is still too narrow; and the ability of audiences to learn still requires criteria concerning what needs to be taught. New forms of redemption may still exist for the neglected utopian shards that have been littered throughout history. Engaging these matters requires an interdisciplinary outlook informed by liberating norms. There is always room for the discussion of regulative ideals like justice, liberty, and the like.

That is also the case for ontological categories dealing with the structure and meaning of existence. But there are better things for critical theorists to do than indulge what has become an obsession with attempting to express the inexpressible. Better to identify what is apparent but unrecognized, painful yet remediable, and repressed yet empowering. Only by confronting the world with a multifaceted transformative project can critical theory reassert its uniqueness and the salience of its animating ideals: solidarity, resistance, and freedom.

Further reading

Chapter 1

Illuminations: The Critical Theory Web Site. www.uta.edu/huma/illuminations/

Arato, Andrew, and Eike Gebhardt, eds. *The Essential Frankfurt School Reader.* New York: Continuum, 1982.

Benhabib, Seyla, et al., eds. *On Max Horkheimer* Cambridge, MA: MIT Press, 1995.

Bronner, Stephen Eric. *Of Critical Theory and Its Theorists.* 2nd ed. New York: Routledge, 2002.

Bronner, Stephen Eric, and Douglas Kellner, eds. *Critical Theory and Society.* New York: Routledge, 1989.

Habermas, Jürgen. *Philosophical-Political Profiles.* Translated by Frederick Lawrence. Cambridge, MA: MIT Press, 1983.

Jay, Martin. *The Dialectical Imagination.* Berkeley: University of California Press, 1996.

Lowenthal, Leo. *Critical Theory and Frankfurt Theorists: Lectures-Correspondence-Conversations.* New Brunswick, NJ: Transaction, 1989.

Tar, Zoltan. *The Frankfurt School.* New York: Schocken, 1985.

Wheatland, Thomas P. *The Frankfurt School in America: A Transatlantic Odyssey.* Minneapolis: University of Minnesota Press, 2009.

Wiggershaus, Rolf. *The Frankfurt School: Its History, Theories, and Political Significance.* Translated by Michael Robertson. Cambridge: Polity Press, 1994.

Chapter 2

Arato, Andrew, and Paul Breines. *The Young Lukacs and the Origins of Western Marxism*. New York: Seabury, 1979.

Dubiel, Helmut. *Theory and Politics: Studies in the Development of Critical Theory*. Translated by Benjamin Gregg. Cambridge, MA: MIT Press, 1985.

Forgasc, David, ed. *The Antonio Gramsci Reader 1916–1935*. New York: New York University Press, 2000.

Honneth, Axel. *Disrespect: The Normative Foundations of Critical Theory*. Cambridge: Polity Press, 2007.

Horkheimer, Max. *Critical Theory*. Translated by Matthew J. O'Connell. New York: Seabury Press, 1973.

———. *A Life in Letters: Selected Correspondence*. Edited and translated by Manfred R. Jacobson and Evelyn M. Jacobson. Lincoln: University of Nebraska Press, 2007.

Jay, Martin. *Marxism and the Totality: Adventures of a Concept from Lukacs to Habermas*. Berkeley: University of California Press, 1996.

Jones, Steven J. *Antonio Gramsci*. New York: Routledge, 2006.

Kellner, Douglas. *Critical Theory, Marxism, and Modernity*. Baltimore: Johns Hopkins University Press, 1989.

Korsch, Karl. *Revolutionary Theory*. Edited by Douglas Kellner. Austin: University of Texas Press, 1974.

Merleau-Ponty, Maurice. *Adventures of the Dialectic*. Translated by Joseph Bien. Evanston, IL: Northwestern University Press, 1973.

Morton, Adam. *Unraveling Gramsci: Hegemony and Passive Revolution in the Global Economy*. London: Pluto Press, 2007.

Rush, Fred, ed. *Cambridge Companion to Critical Theory*. New York: Cambridge University Press, 2004.

Chapter 3

Benjamin, Walter. *Illuminations*. Edited by Hannah Arendt. Translated by Harry Zohn. New York: Schocken, 1969.

Berman, Marshall. *Adventures in Marxism*. London: Verso, 1999.

Easton, Loyd D., and Kurt H. Guddat, eds. and trans. New York: Doubleday, 1967.

Feenberg, Andrew. *Alternative Modernity: The Technical Turn in Philosophy and Social Theory*. Berkeley: University of California Press: 1995.

Gerth, H. H., and C. Wright Mills, eds. *From Max Weber: Essays in Sociology*. New York: Oxford University Press, 1958.
Honneth, Axel. *Reification: A New Look at an Old Idea with Judith Butler, Raymond Geuss, and Jonathan Leader*. Edited by Martin Jay. New York: Oxford University Press, 2008.
Marcuse, Herbert. *From Luther to Popper: Studies in Critical Philosophy*. Boston: Beacon Press, 1991.
Ollman, Bertell. *Alienation: Marx's Concept of Man in Capitalist Society*. New York: Oxford University Press, 1977.
Schmitt, Richard. *Alienation and Freedom*. Boulder: Westview Press, 2002.

Chapter 4

Adorno, Theodor W., et al. *The Positivist Dispute in German Sociology*. Translated by Glyn Adey and David Frisby. London: Heinemann, 1976.
Bobbio, Norberto. *Ideological Profile of Twentieth Century Italy*. Translated by Lydia G. Cochrane. Princeton, NJ: Princeton University Press, 1995.
Bronner, Stephen Eric. *Reclaiming the Enlightenment: Toward a Politics of Radical Engagement*. New York: Columbia University Press, 2004.
———. *A Rumor About the Jews: Anti-Semitism, Conspiracy, and the Protocols of Zion*. New York: Oxford University Press, 2004.
Marcuse, Herbert. *Negations: Essays in Critical Theory*. Beacon Press: Boston, 1969.
Rabinbach, Anson. *In the Shadow of Catastrophe: German Intellectuals Between Apocalypse and Enlightenment*. Berkeley: University of California Press, 2001.

Chapter 5

Abromeit, John, and W. Mark Cobb, eds. *Herbert Marcuse: A Critical Reader*. New York: Routledge, 2003.
Buck-Morss, Susan. *Dialectics of Seeing: Walter Benjamin and the Arcades Project*. Cambridge, MA: MIT Press, 1991.
Daniel, James Owen, and Tom Moylan, eds. *Not Yet: Reconsidering Ernst Bloch*. London: Verso, 1997.
Feenberg, Andrew, ed. *Essential Marcuse*. Boston: Beacon Press, 2007.

Habermas, Jürgen. *Toward A Rational Society: Student Protest, Science, and Politics.* Boston: Beacon Press, 1970.
Kellner, Douglas, et al. *On Marcuse.* Boston: Sense Publishers, 2008.
Taylor, Ronald, ed. *Aesthetics and Politics: The Key Texts to the Classic Debates in German Marxism.* New York: Verso, 2007.
Wolin, Richard. *Walter Benjamin: An Aesthetic of Redemption.* New York: Columbia University Press, 1982.

Chapter 6

Adorno, Theodor W. *The Culture Industry: Selected Essays on Mass Culture.* Edited by J. M. Bernstein. New York: Routledge, 2001.
———. *Prisms.* Translated by Samuel Weber and Shierry Weber. Cambridge, MA: MIT Press, 1994.
———. *The Stars Down to Earth and Other Essays on the Irrational in Culture.* Edited by Stephen Crook. New York: Routledge, 1994.
Kellner, Douglas. *Media Spectacle and the Crisis of Democracy: Terrorism, War, and Election Battles.* Denver: Paradigm, 2005.
Negt, Oskar, and Alexander Kluge. *Public Sphere and Experience: Toward an Analysis of the Bourgeois and Proletarian Public Sphere.* Translated by Peter Labanyi. Minneapolis: University of Minnesota Press, 1993.
Ritzer, George. *The McDonaldization Thesis: Explorations and Extensions.* London: Sage, 1998.
Scholem, Gershom. *Walter Benjamin: The Story of a Friendship.* Translated by Harry Zohn. New York: Schocken, 1981.
Wolff, Robert Paul, Barrington Moore, and Herbert Marcuse. *A Critique of Pure Tolerance.* Boston: Beacon Press, 1969.

Chapter 7

Adorno, Theodor W. *Lectures on Negative Dialectics.* Edited by Rolf Tiedemann. Translated by Rodney Livingstone. Cambridge: Polity Press, 2008.
———. *Notes to Literature.* 2 vols. Edited by Rolf Tiedemann. Translated by Shierrby Weber Nicholson. New York: Columbia University Press, 1992.
Adorno, Theodor W., and Walter Benjamin. *The Complete Correspondence 1928–1940.* Edited by Henri Lonitz. Translated by Nicholas Walker. Cambridge, MA: Harvard University Press, 1999.

Buck-Morss, Susan. *The Origins of Negative Dialectics: Theodor W. Adorno, Walter Benjamin, and the Frankfurt Institute.* New York: Free Press, 1979.
Jameson, Fredric. *Late Marxism: Adorno, or, The Persistence of the Dialectic.* London: Verso, 1990.
Jay, Martin. *Adorno.* Cambridge, MA: Harvard University Press, 1984.
Zuidevaart, Lambert. *Adorno's Aesthetic Theory: The Redemption of Illusion.* Cambridge, MA: MIT Press, 1993.

Chapter 8

Adorno, Theodor W. *Introduction to Sociology.* Edited by Christoph Godde. Translated by Edmund Jephcott. Stanford, CA: Stanford University Press, 2000.
———. *Problems of Moral Philosophy.* Edited by Thomas Schröder. Translated by Rodney Livingstone. Stanford, CA: Stanford University Press, 2001.
Adorno, T.W., et al., *The Positivist Dispute in German Sociology.* New York: Harper, 1976.
Berlin, Isaiah. *Against the Current: Essays in the History of Ideas.* Edited by Henry Hardy. New York: Penguin, 1979.
———. *The Magus of the North: J. G. Hamann and the Origins of Modern Irrationalism.* Edited by Henry Hardy. London: John Murray, 1993.
Dumain, Ralph. "The Autodidact Project." Available at http://www.autodidactproject.org/.
Fay, Brian. *Critical Social Science: Liberation and Its Limits.* Ithaca, NY: Cornell University Press, 1987.
Habermas, Jürgen. *Moral Consciousness and Communicative Action.* Translated by Christine Lenhardt and Shierry Weber Nicholson. Cambridge, MA: MIT Press, 1991.
Kirchheimer, Otto. *Politics, Law, and Social Change.* Edited by Frederic S. Burin and Kurt L. Schell. New York: Columbia University Press, 1969.
Marcuse, Herbert. *Technology War and Fascism: Collected Papers,* vol. 1. Edited by Douglas Kellner. New York: Routledge, 1998.
Neumann, Franz. *The Democratic and Authoritarian State.* Edited by Herbert Marcuse. New York: Free Press, 1957.

“牛津通识读本”已出书目

古典哲学的趣味
人生的意义
文学理论入门
大众经济学
历史之源
设计，无处不在
生活中的心理学
政治的历史与边界
哲学的思与惑
资本主义
美国总统制
海德格尔
我们时代的伦理学
卡夫卡是谁
考古学的过去与未来
天文学简史
社会学的意识
康德
尼采
亚里士多德的世界
西方艺术新论
全球化面面观
简明逻辑学
法哲学：价值与事实
政治哲学与幸福根基
选择理论
后殖民主义与世界格局
福柯
缤纷的语言学
达达和超现实主义
佛学概论
维特根斯坦与哲学
科学哲学
印度哲学祛魅
克尔凯郭尔
科学革命
广告
数学
叔本华
笛卡尔
基督教神学
犹太人与犹太教
现代日本
罗兰·巴特
马基雅维里
全球经济史
进化
性存在
量子理论
牛顿新传
国际移民
哈贝马斯
医学伦理
黑格尔
地球
记忆
法律
中国文学
托克维尔
休谟
分子
法国大革命
民族主义
科幻作品
罗素
美国政党与选举
美国最高法院
纪录片
大萧条与罗斯福新政
领导力
无神论
罗马共和国
美国国会
民主
英格兰文学
现代主义
网络
自闭症
德里达
浪漫主义
批判理论

德国文学
戏剧
腐败
医事法
癌症
植物
法语文学
微观经济学
湖泊
拜占庭
司法心理学
发展
农业
特洛伊战争
巴比伦尼亚
河流
战争与技术
品牌学
儿童心理学
时装
现代拉丁美洲文学
卢梭
隐私
电影音乐
抑郁症
传染病
希腊化时代
知识
环境伦理学
美国革命
元素周期表
人口学
社会心理学
动物
项目管理
美学
电影
俄罗斯文学
古典文学
大数据
洛克
幸福
免疫系统
银行学
景观设计学
神圣罗马帝国
大流行病
亚历山大大帝
气候
第二次世界大战
中世纪
工业革命
传记